四川省科技厅软科学课题：“一干多支”战略下四川省区域经济联动发展协调机制研究(项目编号：2019JDR0101)

新型城镇化进程中

四川省经济高质量发展提升路径研究

谭璐薇 著

XINXING CHENGZHENHUA JINCHENG ZHONG
SICHUAN SHENG JINGJI GAOZHILIANG FAZHAN
TISHENG LUJING YANJIU

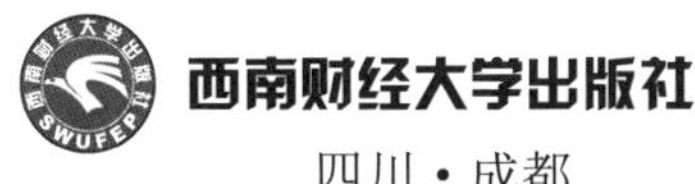

西南财经大学出版社
四川·成都

图书在版编目(CIP)数据

新型城镇化进程中四川省经济高质量发展提升路径研究/谭璐薇著.
—成都:西南财经大学出版社,2020.8
ISBN 978-7-5504-4453-9

Ⅰ.①新… Ⅱ.①谭… Ⅲ.①区域经济发展—研究—四川 Ⅳ.①F127.71

中国版本图书馆 CIP 数据核字(2020)第 130546 号

新型城镇化进程中四川省经济高质量发展提升路径研究
谭璐薇 著

策划编辑:孙婧
责任编辑:廖韧
封面设计:墨创文化
责任印制:朱曼丽

出版发行	西南财经大学出版社(四川省成都市光华村街 55 号)
网　　址	http://www.bookcj.com
电子邮件	bookcj@foxmail.com
邮政编码	610074
电　　话	028-87353785
照　　排	四川胜翔数码印务设计有限公司
印　　刷	四川五洲彩印有限责任公司
成品尺寸	170mm×240mm
印　　张	10.25
字　　数	188 千字
版　　次	2020 年 8 月第 1 版
印　　次	2020 年 8 月第 1 次印刷
书　　号	ISBN 978-7-5504-4453-9
定　　价	58.00 元

前　言

传统概念中的城镇化一般体现为城市居民人口在该地区总人口中的占比，表现为城市人口数量的增加和城市规模的拓展。随着新时代的到来，传统城镇化必须转型升级以符合时代发展趋势。根据《国家新型城镇化规划（2014—2020年）》（以下简称《规划》），以人为本是新型城镇化的主要思想，城镇化发展的质量被着重强调，同时我们要努力走环境友好、社会和谐、城乡协调发展的城镇化道路。学术界等对新型城镇化内涵的研究也是以《规划》为基础的。同时，党的十九大和中央经济工作会议得出中国经济发展由高速发展转向高质量发展的结论之后，学术界对经济高质量发展抱有热切关注，于2017年正式开始对经济高质量发展进行研究，相关研究于2018年达到高峰，这符合我国该阶段经济发展的特点。该类研究开始初期，其涉及范围相对不大。

本书在新型城镇化的背景下，对四川省经济高质量发展提升路径进行研究，探讨了四川经济高质量发展的现状，构建了以新型城镇化为背景的经济高质量发展评价指标体系，对四川省新型城镇化进程中经济高质量发展影响因素进行了分析，并进行综合评价。其分析结果为：

第一，本书从总量效应的视角分析四川经济高质量发展的影响因素的作用机理，从结构效应的视角分析不同结构性影响因素对四川经济高质量发展的作用机理。在研究作用机理后，本书采用普通最小二乘法（OLS）对影响四川经济高质量发展的总量因素进行回归分析，最后通过灰色关联分析法测度各结构性因素与四川经济高质量发展水平提升的关联程度，得出以下结论：外商直接投资和基础设施建设能够显著影响四川经济高质量发展水平，人力资本和环境规制对四川经济高质量发展水平的提升具有较明显的促进作用，然而创新驱动和经济发展开放度对四川经济高质量发展的正向作用甚微。近年来投资使得四川经济发展实现了质的跨越，无论是国内投资还是海外资金的引入都使四川经济犹如装上了“新的引擎”，良好的投资环境和基础建设的大规模需求在未来的时期里都将成为四川经济高质量发展的重要支撑。另外，四川还应重视创新，创新水平的提升才是高质量发展的核心要义，通过产业结构升级优化和企业转型等将创新能力融入经济建设中，才能最终推动四川经济实现高质量发展。

第二，本书构建的经济高质量发展评价指标体系，首先基于经济高质量发展内涵和新型城镇化内涵之间的相关性；其次基于构建的新型城镇化进程中四川经济高质量发展评价理论框架，在评价指标的基础上利用熵权-TOPSIS模型进行计算，再通过四川省同西南地区其他省、直辖市的比较，研究目前四川省经济增长质量在西南地区的排名情况，并为四川省明确自身发展定位、探索未来前进方向提供可行性意见；最后利用数据包络分析（DEA）对新型城镇化进程中四川经济高质量发展效率进行分析，得出如下结论：四川经济高质量发展水平、经济高质量发展的城镇化动力指数值、经济高质量发展的人民生活福利水平指数值、经济高质量发展的资源与生态环境成本指数值、经济高质量发展可持续性指数值总体呈现上升趋势；四川省经济高质量发展结构指数值虽然总体呈现上升的态势，但是波动的幅度较大；2018年四川和重庆为经济高质量发展水平中等级区域，四川和云南为经济高质量发展结构指数中等级区域，四川是经济高质量发展可持续性指数、经济高质量发展的资源与生态环境成本指数、经济高质量发展的人民生活福利水平指数中等级区域，四川为经济高质量发展的城镇化动力指数低等级区域。从综合效率角度分析，2007—2018年，规模、技术效率均达到有效值的仅有重庆市，说明重庆市经济质量达到了最优状态；从规模效率角度分析，2007—2018年，也仅有重庆市规模效率达到有效；从技术效率角度分析，2007—2018年，四川省、重庆市和云南省三个省市的技术效率达到了有效的水平，说明这三个省市在经济高质量发展、生产资源组合方面达到了最佳水平。

本书在编著过程中，得到了本人工作单位西华大学土木建筑与环境学院舒波院长、向勇书记的大力支持，得到了黄佳祯老师、项勇老师的建议。在本书编写的具体工作中，郑茂同学、郑佳伟同学参与完成了调研数据收集、调研资料整理、文献资料归纳和分析、软件信息处理等大量基础性工作。本书在编写过程中，吸取了部分学者的研究成果和给出的观点，使本书的内容得到了丰富和完善，在此对这些学者表示衷心的感谢。最后，也要特别感谢西南财经大学出版社孙婧编辑，在本书的选题申报以及编写过程中给予的大量帮助和支持。

谭璐薇

2020年2月

内容介绍

本书通过系统梳理国内外针对城镇化发展和经济高质量发展的研究，厘清在新型城镇化进程下如何进行经济高质量发展的脉络，总结前人研究的核心内容，依据城镇化理论、经济增长及高质量发展理论，在对四川新型城镇化和经济发展现状分析的基础上，采用2009—2018年统计数据，对新型城镇化进程中四川经济高质量发展进行系统研究。第一，本书多维度探讨了四川新型城镇化发展和经济高质量发展之间的作用机理，指出新型城镇化的核心内涵可以提高经济发展的质量，并且新型城镇化通过促进消费、扩大投资、加速产业结构升级优化等推动经济高质量发展，经济实现高质量发展也推动了新型城镇化的进程。第二，本书分别从总量效应、结构效应视角建立研究因素体系，分析影响四川经济高质量发展因素的作用机制，借助普通最小二乘法（OLS）从总量效应视角对四川经济高质量发展的影响因素进行回归分析，得出环境规划和基础设施建设显著性水平较高的结论，另外人力资本、外商直接投资、创新驱动、经济发展开放度四个变量通过了10%的显著性水平检验；再采用灰色关联分析法从结构效应视角对影响四川经济高质量发展的结构性因素进行关联程度分析，由排序结果可知：投资水平和创新水平与四川经济高质量发展关联度最强。第三，本书构建了新型城镇化进程中四川经济高质量发展综合评价分析框架，结合四川经济发展现状，从经济高质量发展的结构、可持续性、城镇化动力、人民生活水平和福利、资源与生态环境代价五大系统指标，构建了涵盖37个具体指标的综合评价指标体系，运用熵权法进行数据处理，并赋予指标体系权重，通过TOPSIS法从纵向角度对四川经济高质量发展的各维度进行评价。第四，本书从横向角度对四川经济高质量发展的各个维度进行评价，利用

SPSS软件对包括四川在内的西南地区四省份的经济高质量发展进行聚类分析，得出西南地区四省份经济高质量发展的各个维度的等级划分。第五，本书借助数据包络分析（DEA）对四川及西南地区其他三省份的经济高质量发展效率进行测度，深层次探讨四川经济发展质量。第六，本书依据研究结果，结合四川新型城镇化进程中经济高质量发展的现实基础，提出四川经济高质量发展的策略。

目　录

第一章　国内外新型城镇化经济高质量发展相关理论研究现状／ 1

第一节　国外新型城镇化进程中经济高质量发展理论研究／ 1

一、国外新型城镇化相关理论研究现状／ 1

二、国外经济高质量发展相关理论研究现状／ 4

三、国外理论研究现状小结／ 7

第二节　国内新型城镇化进程中经济高质量发展理论研究／ 7

一、国内新型城镇化相关理论研究现状／ 7

二、国内经济高质量发展相关理论研究现状／ 10

三、国内理论研究现状小结／ 12

参考文献／ 12

第二章　新型城镇化与经济发展现状分析／ 20

第一节　我国新型城镇化与经济发展现状／ 20

一、我国新型城镇化发展现状分析／ 20

二、我国经济发展现状分析／ 33

第二节　四川省新型城镇化与经济发展现状／ 42

一、四川省新型城镇化现状分析／ 42

二、四川省经济发展现状分析／ 49

三、四川省新型城镇化和经济发展存在的问题 / 56
参考文献 / 60

第三章　新型城镇化与经济高质量发展的关系分析 / 62

第一节　经济高质量发展的提出 / 62

一、经济发展理论 / 62
二、高质量发展理论 / 64
三、经济高质量发展的内涵 / 65

第二节　新型城镇化与经济高质量发展的相互关系 / 67

一、新型城镇化的深刻内涵促进经济高质量发展 / 67
二、新型城镇化进程促进消费需求推动经济高质量发展 / 68
三、新型城镇化进程扩大投资需求推动经济高质量发展 / 69
四、新型城镇化进程加速产业结构升级优化推动经济高质量发展 / 69
五、经济高质量发展是新型城镇化进程的根本推动力 / 70
参考文献 / 71

第四章　四川省新型城镇化进程中经济高质量发展影响因素分析 / 73

第一节　总量效应视角下的影响因素分析 / 73

一、总量效应视角下的影响因素作用机制 / 73
二、模型设定与变量选择 / 77
三、实证结果分析 / 80

第二节　结构效应视角下的影响因素分析 / 86

一、结构效应视角下的影响因素机制 / 86
二、模型设定与变量处理 / 88
三、实证结果分析 / 91
参考文献 / 95

第五章　四川省新型城镇化进程中经济高质量发展综合评价／ 97
第一节　新型城镇化进程中经济高质量发展综合评价分析框架／ 97
第二节　新型城镇化进程中四川经济高质量发展综合评价实证分析／ 99
一、评价指标体系的构建及数据处理／ 99
二、四川经济高质量发展评价模型／ 101
三、四川经济高质量发展评价结果及分析／ 102
四、四川经济高质量增长质量与数量的变动关系分析／ 105
第三节　新型城镇化进程中四川经济高质量发展横向比较分析／ 108
一、研究范围／ 108
二、经济高质量发展比较结果与分析／ 108
第四节　新型城镇化进程中四川经济高质量发展效率分析／ 126
一、经济发展效率评价模型选择／ 126
二、变量选择和数据说明／ 127
三、我国西南地区经济质量发展全要素生产率变化分析／ 128
四、2018 年经济质量发展全要素生产率比较分析／ 132
参考文献／ 133

第六章　四川省新型城镇化进程中经济高质量发展提升路径／ 135
第一节　四川省新型城镇化进程中经济高质量发展提升的现实基础／ 135
一、政府政策支持／ 135
二、资源优势／ 136
三、区位条件／ 138
四、市场广阔／ 139
第二节　四川省新型城镇化进程中经济高质量发展提升的对策建议／ 140
一、扩大消费需求促进产业结构升级／ 140

二、重视生态环境保护和资源节约／ 141
三、重视教育，吸引人才，不断提升人力资本质量／ 142
四、加强基础设施建设，保障经济发展／ 143
五、吸引外商投资，加强对外贸易，提升经济开放水平／ 144
六、加强科技创新、制度创新，促进制造业和现代服务业的发展／ 145
七、增强“一干引领、多支竞相发展”的区域协调能力／ 147
参考文献／ 152

第一章 国内外新型城镇化经济高质量发展相关理论研究现状

第一节 国外新型城镇化进程中经济高质量发展理论研究

一、国外新型城镇化相关理论研究现状

历史上与城镇化和工业化两者相关的著名理论主要包括钱纳里的发展模型理论、巴顿的聚集经济理论、托达罗的人口流动模型[1]以及刘易斯的二元经济理论[2]。钱纳里的发展模型理论肯定了工业化发展对城市群产业结构的改善和推动，但是没有分析城市化如何反作用于工业化发展[3]；巴顿的聚集经济理论对其进行了补充，认为城市化发展可以反作用于工业化，两者呈现出相辅相成、相互推动的状态[4]；托达罗的人口流动模型以及刘易斯的二元经济理论均赞同城市化和工业化同步发展、不分先后这一观点。

总结上述理论可知，城镇化和工业化具有以下三种发展关系：过度城市化、同步城市化和滞后城市化。拉丁美洲区域的发展属于过度城市化，该地区于二战后执行“进口替代”策略，在较短时间内，地区政府推动资本密集型企业快速增长，农村人口也向城市大规模迁移，导致其城市化水平快速提升；同步城市化主要发生于欧美发达国家和地区，沃尔特 · W. 威尔科克斯分析了美国 1870—1940 年工业化率和城镇化率的变化趋势，发现两者几乎保持着同步上升的速度[5]。少数发展中国家的城市化属于滞后城市化，其城市化程度要低于工业化程度和经济发展水平。

在文化产业、旅游产业同新型城镇化之间的关系的研究中，对近几年新兴的乡村文化旅游和新型城镇化的分析较多。Mullins（1991）首次提出的乡村旅游城镇化的观念至今依旧在城市旅游研究中广泛应用；Gunjan Saxena 等

(2008) 基于英国威尔士边境地区乡村发展背景，结合定性研究方法，得出根植于内生性的参与和创新是乡村经济可持续发展的重要保障这一结论[6]。

中国是世界第二大经济体，并坚持中国特色社会主义制度，由此成为全球经济学者关注的焦点。对于中国城市化的研究，国外学者涉及较早，在20世纪初便有学者对我国城镇化制度变迁进行了探讨。国外学者的研究涉及以下三个时期：第一个时期是20世纪70年代之前。由于中国是五大文明发源地之一，有着悠久的历史和文化传统，它也在历史上多次创造辉煌，因此国外研究者对于为何这样的一个国家并没有出现资本主义以及西式城市化，进行了热烈的讨论和根源寻找。在韦伯和格特看来，儒家思想是中国封建社会的正统思想，这导致资本主义和城市化的可行性受到限制，故延续了儒家思想的农耕主义获得了广阔的发展空间[7]。Levenson (1959) 在传统模型方法研究成果的基础上，得出中国城市化只有在强烈的外部打击下才能产生根本变化这一结论。第二个时期是我国改革开放以后，国外学者不再仅仅从社会学和历史学的层面对中国的城市化进行研究，更多学科领域转变为关注和深入分析中国特色社会主义的城镇化道路。Kirkby (1985) 提出对工业化的追求阻碍了中国城镇化的快速发展。在他看来，中国将生产投资大量用于发展重工业以满足工业化的需求，从而导致其城市基础设施匮乏落后和农业经济再生产难以拓展，使得城镇化内部发展动力不足。第三个时期为2000年以后，Fan (2002) 分析了中国城市地区的人口增长趋势，得出人口增长与经济增长紧密联系的结论[8]。在2013年举行的中国城镇化高级别国际论坛上，Alex Wong提出，在中国城镇化推进过程中，必须引进国内外私人资本，才能够最大限度防范城市建设的投融资难这一隐患。

国外研究者的集中研究领域是新型城镇化不同指标作用下文化消费的个别具体方面所产生的变化趋势。例如，Manas经实证分析认为，城乡之间的文化消费存在显著差异，城市居民的文化消费水平大大高于农村居民[9]。同时Diniz基于系统分析认为，城市居民的购书量远远高于农村居民[10]。国外学者的研究证实，教育水平的改善作为新型城镇化进程的卓越成果之一，尤其积极作用于文化消费中的表演艺术消费进而产生强大影响。

此后O' Hagan、Van Eijck、Coulangeon、Favaro和Frateschi分别对各自国家的音乐消费进行了分析。经过实际数据研究，他们所得结论为，居民文化程度和音乐消费水平呈正比[11]。Colbert探索了蒙特利尔电影消费和居民教育水平的关系[12]。Luksetich分析了给定文化消费环境下博物馆参观者的文化水平[13]。弗朗西斯卡将消费行为艺术与教育水平结合起来进行相关研究分析等[14]。

国外对城市化发展过程的研究早于国内。工业革命时期，由于生产力的蓬勃发展和社会关系的变化，西方国家的工业化引起了城市化，并使其逐步发展。城市建设规模不断扩大，全球五大城市群和城市圈形成，因此“城镇化发展”成为国外学术界研究的热点，并逐步产生了一套完备的城镇化理论机制以及影响长远的代表性观念。发达国家城镇化程度较高，城镇化进程基本完成。国外学者评价城市化水平的指标体系多为社会理论、规划理论和经济发展理论，城镇化水平评价指标体系的设立采用单一指标和复合指标相结合的方法，其中比较成熟的城镇化水平研究方法包括：联合国使用 19 个指标构建的指标评价方法来研究发达国家和发展中国家的人口、经济和社会之间的联系[15]；英国地理学家克罗克试图构建的城市化指标体系，选取了 16 个指标，主要与人口、职业、居住、中心区长度等有关[16]；日本东洋经济报刊的一些学者提出了反映城市化进程的城市增长力系数法，该方法建立的指标重点包含基础设施、收入水平、人口、经济等有关层面[17]。例如，日本城市地理学家稻永幸男的研究尤其具有代表性，得到了国内外学术界的一致认同，其所建立的城镇化水平综合指标体系涉及静态人口、动态人口、区域规模、经济活动和区位 5 个指标，作者提议利用这 5 个指标来分析城镇化发展过程[18]。

许多国家和地区在城市化的推进过程中，产生了严重的生态环境及资源问题，因此国外学者界定了生态城市和可持续发展城市的概念，目的是提高城市化质量，并使经济、生态和社会效益得以有机结合，城市取得协调和均衡发展。1898 年，英国学者 Howard 在《明日——一条通向真正改革的和平之路》中第一次提出了“乡村城市”的概念[19]，在他看来农村城市是一种理想的城乡结合体设计，该理论为现代城市规划和城乡一体化奠定了理论基础。20 世纪 70 年代，西方国家为了控制城市环境污染，定义了城市环境规划的内涵。1971 年，联合国教科文组织提出了人与生物圈计划，揭示了人类行为与自然环境的联系，引起了人们对“生态城市”研究的热烈关注[20]。美国学者理查德·里吉斯特提出了“生态城市”的概念，并出版了一系列关于生态城市的著作。他认为，未来的城市发展应该以生态城市建设的原则为基础，保证城市繁荣与自然的和谐[21]。1987 年，世界环境与发展委员会通过了《我们共同的未来》并敲定了“可持续发展”的内涵，为各国政府政策及规章制度的拟定提供了借鉴意义，提出了对于人类发展有益的一种崭新的思路。T. A. Onishi 认为具有可持续性的城市发展首先必须维系经济发展、社会、生态三者的和谐共生，然后提升城市居民的生活满意水平，引导人同城市的关系得以健康发展[22]。1997 年，Mark Roseland 研究了生态城市的演变，他将生态城市同城市规划、社会经济发展等问题相结合，提出在城市可持续发展的前提下力求改善民生，增强民生经济投入来提升居民生活质量[23]。

二、国外经济高质量发展相关理论研究现状

经济发展与经济增长的概念对于国外大多数学者而言，尚未进行严格的区分，在不断深入研究之下，经济增长质量的内涵和外延得以不断拓展。经济增长质量的概念最早是由美国经济学家西蒙·库兹涅茨在 1971 年提出的，他认为，经济增长质量的范围必须包括四个要素：公平和公平的市场经济竞争环境、改善的环境质量、良好的财政条件、公民受教育的平等权利[24]。根据苏联学者 B. A. KaMae（1983）的理解，社会主义经济增长主要分为速度和质量两个层面，速度是指产品数量持续性的快速增加，质量是指各种生产要素的产出效率的提高[25]。维诺德·托马斯等（2001）不仅对经济增长质量的内涵进行了补充，还加入了经济增长质量，机会分配，资源和环境的可持续性，全球风险管理和治理结构等内容；同时对不同国家的经济增长质量进行比较，发现发展中国家的资源和环境在经济增长的过程中遭遇损坏，其原因在于质量增长缓慢[26]。

罗伯特·J. 巴罗（2002）认为人均 GDP（国内生产总值）增长率和投资在国内生产总值中所占的比例决定了经济增长的数量，但是，经济增长的质量主要受居民的收入分配、教育水平、秩序、法律和国民健康等方面的影响[27]。Pasquale Tridico（2010）指出，人类的发展通常会被经济增长所限制，而质量的提高就是为了减少贫困。为了对经济增长质量进行分析，他首先利用 OLS 跨国回归模型，其次结合 1995—2006 年 50 个新兴经济体的实际数据进行研究，结果发现经济增长拉大了收入水平的差距，致使贫困问题愈发严重[28]。Hae S. Kim（2017）分析了世界上 222 个国家和地区的不同经济增长模式，结果表明，广义经济增长模式有 4 种：知识经济、贸易经济、储蓄经济和民族宗教经济。其中最主要的是知识经济，其次是贸易经济。经济增长质量能依靠上述两种方式得到有效的提高，由此可以明确知识和贸易是提高经济增长质量的关键因素[29]。

针对经济增长和经济发展的概念，有一部分学者也在尽力去区分。梅多斯等（1972）试图区分经济增长和发展的概念，通过对传统经济增长的逻辑进行分析，提出经济发展不仅需要考虑经济增长，更要综合考虑资源、经济、环境三者之间的关系，为高速增长模式增加净化增长、品质增长、适度增长等方

向[30]。Francois Peru（1987）认为是多个相关子系统之间相互协调运作，共同组成了人类社会这一有机整体，它主要包含环境、经济、人口、政治、科学技术等，而不单单是各子系统的简单集合。人类社会发展的最高目标是实现人类价值以及满足人类基本需求，在挖掘人类发展潜力的基础上提高人的生活品质[31]。Fabio Sabatini（2005）认为能够依靠城市生态系统健康情况、人类发展指数、公共服务和社会福利等综合指标，来考量区域经济的发展质量[32]。Fabio Sabatini（2008）提出经济发展质量涉及三个领域，包括人、自然和社会，同时提出利用生态健康指数、社会和谐指数与人类发展指数来分析经济发展质量[33]。

Elena Gennadjenva Popkova（2010）认为经济增长是一个数量积累和变化的运动，其运行效果是质量的提高。经济增长质量分析应包括时间、空间两个维度，并结合运用多个指标进行分析，主要包括收入不平等、环境条件、政治制度完善度、预期寿命、宗教及犯罪率、生育率等[34]。Mark Deakin 和 Alasdair Reid（2014）指出，对城市经济发展质量进行评估，其重要元素包括城市发展的生态完整性、规划和发展办法、设计和建设基础设施项目、维护未来城市所需的环境容量和可持续发展能力[35]。Martin Fritz 和 Max Koch（2016）从三个角度对经济发展质量进行分析，包括生活质量、生态可持续性和社会包容性，并且“繁荣”成为经济发展质量的定义词[36]。

为了对经济发展质量（增长）进行客观评价，研究者们从不同的方面衡量经济发展质量的增长，甚至一部分学者衡量经济增长质量的发展，他们通过利用单个指标来实现研究目的。Gary Jefferson 等（2003）通过全要素生产率来衡量中国经济增长的质量，研究成果显示，从 1978 年开始，我国全要素生产率整体呈增长趋势[37]。Hummera Saleem 等（2019）估算了全要素生产率，并发现经济增长真正的驱动因素是全要素生产率（TFP），是通过利用 Cobb-Douglas 生产函数中总生产函数来实现的[38]。越来越多的学者通过建立指标体系来评价经济增长质量。B. A. KaeMa（1983）构建了经济增长评价指标模型，该模型建立在优质产品比重、工农业生产资料和消费品比重、新产品比重（包括最终产品、产品总量、采掘行业和加工行业）、国民收入等指标基础之上[39]。Vinod Thomas 等（2001）建立了经济增长质量评价指标模型，其中包含人的发展、收入增长和环境可持续性评价三个方面[40]。Robert J. Barro（2002）依照因子分析法分析经济增长质量，所得结论为经济增长质量与经济增长数量的趋势各不相同[41]。

Alexander Cotte Poveda（2011）基于 DEA 模型，立足于平等、安全和贫困

三个层面，利用人类发展指数体系对哥伦比亚 1993—2007 年的经济增长进行了衡量和排名[42]。Ho Kim 等（2014）按照经合组织提供的分析框架建立了一个绿色发展指标系统，其中包括资源能源消耗、经济行为等 12 个指标，他们同时搜集了 2013 年包括韩国和中国在内的 30 个国家的经济数据，对其绿色增长进行了跨国比较评价[43]。M. N. Chuvashova 等（2015）建立了资源型区域经济空间定性评价指标模型，其中包含交通信息基础设施发展、经济部门技术条件、集聚与资源分布密度等 16 个二级指标评价指标，利用该模型评估了俄罗斯采矿业的经济发展质量[44]。Joanie Caron 等（2016）为矿产勘查行业提供了包含 8 大原则（透明度和报告、创新、工作环境、经济效率、商业道德、环境质量、生活质量、当地投资）和 27 项标准的可持续发展准则[45]。Rofikoh Rokhim 等（2017）通过定量分析法，对印度尼西亚偏远地区的经济区域发展（economic regional development）项目进行深入分析，并得出相关结论，即影响经济区域发展质量的主要原因是：资源禀赋、政府支持和社会资本[46]。Mohamed Abdouli 和 Sami Hammami（2017）利用 1990—2012 年中东和北非（MENA）17 个国家的实际数据，结合资本存量、FDI 流入和环境质量三个角度开展实证研究，指出资本存量的增加以及 FDI 的流入推动了中东和北非国家的经济增长，但中东和北非国家的经济增长加剧了环境破坏[47]。

经济发展质量的评估方法是由联合国开发计划署和其他部门探索提出的。1970 年，联合国社会发展研究所将七个经济指标和九个社会指标联系在一起，构建了经济社会发展评价指标体系。但是，影响经济社会发展的关键要素在指标体系建立过程中被忽略了，如生态污染、资源紧缺等。然后，联合国开发计划署在评价体系中加入了国民幸福总值、国家生产总值、财政收入等指标，但是这些宏观经济指标并不适用于所有区域的经济发展，因而难以普及。1990 年，联合国开发计划署颁布了《人类发展报告》，明确了人类发展指数（human development index，HDI）的内涵，其中含有三个指标：实际人均 GDP、预期寿命和成人识字率。人类发展指数综合了经济增长程度及人类发展程度以衡量各个成员国的经济发展程度[48]。1991 年，人类发展指数进一步发展健全，新添加了环境破坏和居民自由水平两大元素。1996 年，联合国可持续发展委员会建立了四大体系和概念模型，其中四大体系包含“环境、社会、经济、制度”，概念模型包含“驱动力、状态、反应”。建立的指标模型以可持续发展为核心，并且其中含有 22 项环境指标，以凸显环境问题对经济发展的影响[49]。首次将科技指标纳入指标体系的是 2000 年的《人文发展报告》，该报告对评价指标体系进行了完善。

三、国外理论研究现状小结

历经100多年的发展，欧美发达国家的城市化已经达到成熟发展阶段，和中国相比其城市化发展历程中产生的问题较少，当下的研究主要集中在人文社会科学领域，所获得的研究理论、国外城市化水平评价指标体系及生态城市等有关结论，对当前我国新型城镇化研究具有一定的指导、借鉴意义。但是，绝不能直接把国外城市化发展的经验套用到我国的城镇化中去，必须立足于中国的国情。我国城镇化推进太快，自然环境和经济发展之间、城乡发展之间的矛盾愈发凸显，所以西方国家城市化发展模式与中国城镇化发展模式存在根本性区别，我们必须坚持走符合中国国情的新型城镇化道路。

此外，国外研究者和国际机构也开始看重在可持续经济增长研究的基础上对经济增长质量的分析，也着手研究经济发展和经济发展质量领域。现有研究文献尚未在理论上准确区分经济增长的质量和经济发展的质量，但经济发展（增长）质量的内涵和外延、经济增长质量的评价指标体系，以及经济增长举措形式等方面在一定程度上得到了探索。国外关于经济高质量发展的研究多集中在区域经济增长范围内，而忽略了对区域经济增长质量的研究。另外，国外研究多在资本主义制度的背景下进行，可以为我国社会主义市场经济的发展提供有限的借鉴意义。然而，我国学术界仍需要继续创新研究方式，找到符合我国实际的经济高质量发展策略。

第二节　国内新型城镇化进程中经济高质量发展理论研究

一、国内新型城镇化相关理论研究现状

传统概念的城镇化一般体现为城市居民人口于该地区总人口的占比，表现为城市人口数量的增加和城市规模的拓展。随着新时代的到来，传统城镇化必须转型升级以符合时代发展趋势，因此，对新型城镇化的含义要更加深入地进行探讨。《国家新型城镇化规划（2014—2020年）》显示，以人为本是新型城镇化的主要思想，城镇化发展的质量要着重被强调，同时我们要努力走环境友好、社会和谐、城乡协调发展的城镇化道路。因此学术界对新型城镇化内涵的研究也是以该规划为基础的。2008年后，吴江等（2009）[50]开始关注新型城镇化的发展。2012年吴江任职中共中央政治局常委。在省部级领导干部加强城镇化建设研讨班上，时任国务院副总理李克强强调协调发展城镇化是实现现

代化的重大战略选择，提出城镇化的发展是国家内需发展的潜在力量，另外工业化发展也会加快城镇化的推进。之后有学者开始研究“人口进一步城镇化”[51]。宁越敏（2014）[52]认为新型工业化打好铺垫才能促进新型城镇化的发展，进而加快经济发展；同时还要以人为核心，扩大城市的包容性，促进基本公共服务均等化，推进生态文明建设以及制度创新，着力发展小城镇，建设美丽中国。彭红碧等（2010）[53]研究认为，建立科学发展观、丰富城市功能、发挥生态效益来构建合理的城镇体系是十分必要的。徐林等（2014）[54]认为，新型城镇化发展要更加重视城市宜居性、城市服务设施均等化、城市生态可持续性、城市经济发展方式等因素。张许颖、任远等（2014）[55-56]提出人类城镇化是新型城镇化的实质。辜胜阻等（2011，2006）[57-58]通过研究人类城市化的内涵，对城镇化过程中留守儿童和农民工问题进行了详细分析并提供了应对措施。在驱动机制上，早期工业化导致城市化向多元化方向发展。汪丽等（2014）[59]研究分析了西北地区的省会城市，提出新型城镇化的发展方向取决于行政力量，动力源泉是经济力量，发展基础是要素力量。倪鹏飞（2013）[60]发现新型工业化、农业现代化和信息化推动着新型城镇化的发展。杨发祥等（2014）[61]则提出农民、政府和市场是新型城镇化的驱动力。杨建科（2016）[62]针对“城镇化是政府主导还是市场自发”这一疑问，分析了新型城镇化的三类驱动力：国家顶层设计机制、社会参与约束机制和市场自发调节机制。

新型城镇化指标体系研究涉及范围大到国家，小至县域，其研究方式从理论层面扩展至实证层面，其建立和质量水平评价是对新型城镇化定义及内容的全面衡量。熊湘辉等（2018）[63]建立的中国城镇化水平指标体系包括经济城镇化、基础设施均等化、公共服务均等化、资源环境、人口城镇化等方面的内容。王新越等（2014）[64]基于山东省的实际情况，结合了空间、社会、生态环境等八大要素，建立了山东省新型城镇化指标体系并用以实证分析山东省的城镇化质量水平。刘遵峰等（2018）[65]提出城镇化可持续指标与发展质量指标，探索了河北省县域城镇化程度。欧名豪等（2004）[66]认为新型城镇化指标体系的测度应该结合经济、社会城镇化、人口等多个角度，再综合研究。季小妹等（2015）[67]从研究视角、研究方法、研究意义等多个视角将新型城镇化驱动力研究同从前的研究进行比较，得出了差异测度方法。魏人民（2013）[68]指出促进新型城镇化协调发展的关键任务，是保证新型城镇化与新型工业化、信息化、农业现代化和谐发展，以及新型城镇化与城乡一体化的共生关系。刘嘉汉等（2011）[69]、刘少华等（2012）[70]探索新型城镇化道路建设，指出由调控措施看，新型城镇化的发展是政府、市场、社会力量共同作用的结果。张鸿雁（2013）[71]提出健康的新型城镇化的发展含义和任务有社会保障公平、相对充分就业以及可持续发展等。谢天成、施祖麟（2015）[72]比较了新型城镇化和传统城镇化，认为新型城镇化的特点在于更关注城镇化发展质量和“以人为本”的理念，更多地注意资源保护和集约发展，更多地专注于中小城市的协调发展等问题。周柏春、娄淑华（2015）[73]立足于新型城镇化的参与者视角，提出新型城镇化的实质是国家主导下的利益调整，必须保护农民和城镇居民的利益，以达成城乡居民的共识、促进共同发展。熊湘辉、徐璋勇（2018）[74]提出新型城镇化完善了传统城镇化遗留问题，它是对以人为本、以质为本的内涵的补充。常益飞（2010）[75]认为新型城镇化的实质是不断提高城镇化质量，以及丰富城镇化内容，新型城镇化与传统城镇化的区别在于前者包含创新发展模式、严格的制度改革和城乡一体化。安晓亮等（2013）[76]认为新型城镇化进程与早期城镇化进程最大的不同在于经济发展的高效性和工业生产的集约化，资源合理利用和自然环境和谐发展才是推进新型城镇化的前提，最终目的都是实现城乡社会的一体化。

单卓然、黄亚平（2013）[77]认为新型城镇化可带动大小城乡共同发展，以及现代化、信息化、工业化和谐发展。集中发展和分散发展共同组成城乡发展模式，即高度发展的地区要建成城乡网络体系，利用城乡网络的集聚和辐射效应促进地区范围内农村经济和文化的发展，进一步使得城乡经济融合发展，再利用市场调控、政府控制和体制创新，方能最终推动城镇朝着规范化管理、高效生产、有序生活的方向发展。周剑云等（2018）[78]依据我国传统城镇化过程中积累形成的可贵经验，以及新型城镇化的概念，综合探究得出我国新型城镇化的发展方式。他指出，新型城镇化的发展要结合科学发展观的理念仔细考量，即城乡一体化发展要求产业布局、城市功能、生态环境、社会发展等方面得以调和。杜金金（2018）[79]认为随着社会经济的发展，未来几年将是城镇化进入崭新发展阶段的关键时期，而新型城镇化是协调我国城乡关系的好机会。梅丽等（2019）[80]说明新型城镇化的产生是符合科学发展观理念的，其目的在于建立一种资源生态和谐、城乡经济和谐、城乡机制协调的体制模式来实现城乡可持续发展。方创琳（2019）[81]认为新型城镇化的内涵中依旧保留着传统城镇化的部分内容，如城乡空间的扩张，发展理念和精神文明，二、三产业比重的增加，劳动力的转移等。新型城镇化的内容包括以提高城镇化质量、改善民生、实现经济可持续发展为核心，以建立平等、绿色、健康、融合、集约的城乡新型关系为首要目的，实现途径是产业转型、环境改善、文化传承、体制创新与收入提高等。对此学术界可以提供城乡统筹、产业转型升级、生态治理保护、资源集约等新型城镇化建设方面的政策建议。

二、国内经济高质量发展相关理论研究现状

在一般学科研究领域，对政策制定的建议多是基于理论研究得来的，而理论又会根据实际情况的变化而改变。20 世纪 90 年代，诸多学者和记者就在一些期刊和公共场合中探讨过经济高质量发展的可行性和必要性。党的十九大和中央经济工作会议得出中国经济发展由高速发展转向高质量发展的结论之后，学术界对经济高质量发展的研究抱有热切关注。学术界于 2017 年正式开始对经济高质量发展进行研究，研究于 2018 年达到高峰，符合我国该阶段经济发展的特点，故该研究开始初期，涉及范围相对不大。综合本书的研究重点以及研究现状的实际情况，本书关于经济高质量发展的文献研究主要集中在 2018 年及以后的国内成果上。

经济发展质量是指一个区域在一定期间内国民经济发展的程度。分析经济发展质量，除了检验某些定量关系外，还需要检验经济内部和经济社会之间的协调关系（冷崇总，2008；刘晓旭，2017）[82-83]。回顾国内相关研究可发现，部分国内学者也很难区分经济增长质量和经济发展质量二者的概念。经济增长质量狭义来说特指经济增长效率（刘亚建，2002）[84]，而广义的经济增长质量所涵盖的内容则更为复杂。刘树成（2007）[85]认为经济增长质量包括经济增长数量以外的任何要素。钞小静等（2016）[86]认为经济增长的质量分析模式具有创新性，在经济增长进程中能够增强输入和输出的质量、维持资源开发和生态保护的和谐、满足人民生活需求等。任保平等（2017）[87]认为，经济增长质量的内涵应该由经济增长与道德树立共同组成，其增长得以改善人类发展水平，且质量型经济增长需要符合经济发展与社会发展和谐统一的基本原则。经济增长过程中必须使全体工人受益，并且遵循大多数人最大幸福的道德准则。综上所述，大多数研究将经济增长质量和经济发展质量结合起来进行了分析。

国内许多学者也试图区分经济增长质量与经济发展质量这两种概念。徐学敏（1998）[88]认为经济发展质量属于效率的范畴，也就是说，在有限的输入下可以实现输出最大化，或是在最小的输入下依旧保持可观的输出。韩士元（2005）[89]提出经济发展质量除了检验数量关系以及经济活动的质量内容之外，还要包括经济活动对相关领域的影响作用，尤其是社会效益。此外，经济高质量发展不能只由经济的快速增长来体现，还要包含多层次、多视角的完善过程，尤其包括经济、社会和生态效益（伍凤兰，2014）[90]。目前，学术界定义

的经济发展质量的丰富内涵主要包括发展的全面性、协调性和可持续性；同时对改善人民生活、维持社会秩序、提高人与自然和谐共生水平等影响深远（许永兵，2013）[91]。何伟（2013），张红（2015），刘晓旭（2017）[92-94]提出经济发展质量不能仅从 GDP 的增长来判定，应结合投入产出效率、结构布局、增长潜力、资源和生态环境成本、国民经济增长成果共享程度等综合考虑。立足经济发展历程的角度，经济发展质量的含义反映了经济系统的投入产出率和运营稳定程度；立足经济发展根本目标的角度，经济发展质量包含以人为本的原则；立足经济发展影响关系的角度，经济发展质量不仅反映了经济体系内部构架的协调发展，还反映了经济体系对社会体系、资源环境体系的作用；立足可持续发展的角度，经济高质量发展一定具有可持续性（姚升保，2015）[95]；立足经济发展质量外延的角度，经济高质量发展还与自然、社会、文化、法律等方面紧密相关（范金 等，2018）[96]。由此可知，在定义经济发展质量的概念时需要考虑其有效性、协调性、创新性、可持续性、共享性、稳定性等多项内容，以充分反映区域经济发展程度。

中国特色社会主义经济在新时代背景下，要抓住现代化建设这一主线实现转型，而转型升级的关键是实现高质量发展。刘世锦（2017），任保平（2018）[97-98]提出在高质量发展时期必须推进质量、效率、动力三大变革，它们是改善经济架构、转变增长动力、变更发展方式的攻坚期的重要组成部分。

实现高质量经济发展响应了新时代的号召，经济高质量发展体现了创新、协调、绿色、开放、共享五大新发展理念（迟福林，2017；杨伟民，2018；何立峰，2018；任保平，2018；金碚，2018）[99-103]，创新是第一动力，协调是内生特征，绿色是普遍形式，开放是必由之路，共享是根本目的（杨伟民，2018）[104]。

要深入理解高质量发展，就必须清晰认识到其系统性、动态性、长期性三个特征。第一是系统性。高质量发展必须加大对经济、社会、环境协调发展的重视程度，达成更高质、更高效、更公平、可持续的发展目标。第二是动态性。高质量发展的目标理念和政策举措需要在实践深化、知识升华的基础上不断丰富和完善。第三是长期性。实现高质量发展不是一蹴而就的，而是一个长期发展的过程（何立峰，2018）[105]。另外，还需要把握好“三个层面、四大内涵和五大特征”。首先，三个层面分别为微观、中观和宏观，微观层面强调的是产品和服务质量；中观层面强调的是产业价值链；宏观层面强调的是国民经济的全体质量和效率（王一鸣，2018）[106]。其次，四大内涵包括提质增效、创新驱动、绿色低碳、协调共享（王春新，2018）[107]。最后，五大特征是指第三产业对经济增长的贡献显著增加，创新对经济增长的贡献显著增加，消费对经济增长的贡献显著增加，结构优化，包容性、普适性增长（冯俏彬，2018）[108]。

三、国内理论研究现状小结

通过对上述文献的整合，我们可以发现学者在城镇化的理论研究和影响方面已经取得了较多成果，但伴随着对新型城镇化探究的继续开展，其相关理论仍有改进的空间。国内学者对经济高质量发展的探索才刚开始不久，直到2018年后才开始更深层次地研究经济高质量发展，并对经济高质量发展的含义和推进举措进行了粗略设想，广泛讨论其内涵。由于研究倾向于国家的角度，针对省份和地区的研究不多，目前所得到的策略是宏观且普遍的。在新型城镇化理论的基础上的关于经济高质量发展的研究几乎为空白。城市过度扩张容易引起其他有关要素发展出现弊端，新型城镇化是传统城镇化的拓展和外延，由于经济发展逐步由高速度转为高质量，因此新型城镇化的发展也越发能带动经济高质量的发展。

高质量发展的研究可以总结为三种：第一种认为“五大发展理念”能被高质量发展反映出来，同时在一定程度上满足人民日益增长的对美好生活的期望；第二种立足于高质量经济发展的层面，认为高质量发展强调从高速向高质的转变以及“转为”与“转向”的区别；第三种是以高质量发展的覆盖范围为出发点，认为广义的高质量发展包括社会经济生活质量的提高，狭义的高质量发展的重点在企业产品质量的提升。三种研究的出发点不完全相同，但基本方向是一致的，包括：一是为了满足人民日益增长的美好生活需要；二是将“五大发展理念”作为经济高质量发展的理念；三是“高质量”不仅适用于狭义的产品及服务的生产过程，也适用于广义的经济社会运行效率，包括“生产—分配—交换—消费”的整个周期；四是借助“技术创新”的手段提高各类关系运作的效率；五是将“可持续发展”作为衡量标准对内部关系进行优化。要想深入领会经济高质量发展的深层含义，需要对上述内容进行充分理解。

参考文献

[1] 托达罗. 经济发展 [M]. 黄卫平，彭刚，等译. 北京：中国经济出版社，1999：325-330.

[2] 刘易斯. 二元经济论 [M]. 施炜，等译. 北京：北京经济学院出版

社，1989：152-154.

[3] 钱纳里，塞尔昆. 发展的格局：1950—1970 [M]. 李小青，等译. 北京：中国财政经济出版社，1989：225-228.

[4] 巴顿. 城市经济学 [M]. 北京：商务印书馆，1986：17-22.

[5] 威尔科克斯. 美国农业经济学 [M]. 刘汉才，译. 北京：商务印书馆，1987：62-66.

[6] SAXENA G, TLBERY B. Integrated Rural Tourism: a border case study [J]. Annals of Tourism Research, 2008, 35 (1): 233-254.

[7] WEBER M, GERTH H. The religion of China: Confucianism and Taoism [D]. Glencoe Press, 1951: 220-224.

[8] FAN C. Population change and regional development in China: insights based on the 2000 census [J]. Eurasian Geography and Economics, 2002 , 143 (2): 54-76.

[9] CHATTERJI M. Energy modeling with particular reference to spatial systems [J]. Regional science and urban economics, 1980, 10 (3): 325-342.

[10] DINIZ S. Economies of scale and the form of the production function [J]. Scandinavian journal of economics, 1978, 80 (3): 251

[11] FAVARO D, FRATESCHI C. A discrete choice model of consumption of cultural goods: the case of music [J]. Journal of cultural economics, 2007, 31 (3): 205-234.

[12] COLBERT F. Consumer perception of private versus public sponsorship of the arts [J]. International journal of arts management, 2005, 8 (1): 48-60.

[13] LUKSETICH W A. The relationship among funding sources for art and history museums [J]. Nonprofit management & leadership, 1999, 10 (1): 21-37.

[14] BLASING F. Independent music teachers and professional arts organizations [J]. American music teacher, 1998, 47 (6): 22-25.

[15] United Nations Economic and Social Commission. Guidelines for rural centre planning [J]. Journal of urban and regional planning, 2011, 4 (2): 163-179.

[16] CLOKE P. An index of rurality for England and Wales [M]. London: Regional Studies, 1977: 109-112.

[17] 山田浩之. 城市经济学 [M]. 魏浩光，等译. 大连：东北财经大学出版社，1991：123-125.

[18] EATON J , ECKSTEIN Z . Cities and growth: theory and evidence from

France and Japan [J]. Boston University - Institute for Economic Development, 2000, 27 (4): 443-474.

[19] HOWARD E. Tomorrow: A peaceful path to real reform [J]. Routledge Abingdon Uk, 1994, 6: 139.

[20] United Nations Educational Scientific and Cultural Organization, International Co-orinating council of the programme on man and the biosphere (MAB). Final report [M] //International Finance For Dummies. [S. l.: s. n.], 1976: 67-71.

[21] REGISTER R. Ecocity Berkeley: building cities for a healthy future [M]. North Atlantic Books, 1987.

[22] ONISHI T A. Capacity approach for sustainable urban development: an empirical study [J]. Regional Studies, 1994, 28 (1): 39-51.

[23] ROSELAND M. Dimensions of the eco-city [J]. Cities, 1997, 14 (4): 197-202.

[24] 库兹涅茨. 各国的经济增长 [M]. 常勋, 译. 上海: 商务印书馆, 1985: 377.

[25] 卡马耶夫. 经济增长的速度和质量 [M]. 陈华山, 译. 武汉: 湖北人民出版社, 1983: 19-25.

[26] THOMAS V, DAILAMI M, DHARESHWAR A, et al. 增长的质量 [M]. 北京: 中国财政经济出版社, 2001: 147-153.

[27] BARRO R J. Quantity and quality of economic growth [R]. Working Papers from Central Bank of Chile, 2002: 25-39.

[28] TRIDICO P. Growth, inequality and poverty in emerging and transition economies [J]. Transition Studies Review, 2010, 16 (4): 979-1001.

[29] KIM H S. Patterns of economic development: correlations affecting economic growth and quality of life in 222 countries [J]. Politics& Policy, 2017, 45 (1): 83-104.

[30] MEADOWS D H, MEADOWS D L, RANDERS J, et al. The limits to growth [R]. A Report to The Club of Rome, 1972: 101-103.

[31] 佩鲁. 新发展观 [M]. 张宁, 丰子义, 译. 北京: 华夏出版社, 1987: 43.

[32] SABATINI F. Social capital, public spending and the quality of economic development: the case of italy [J]. Development &Comp Systems, 2005, 50 (9): 399-407.

[33] SABATINI F. Social capital and the quality of economic development [J]. Kyklos, 2008, 61 (3): 466-499.

[34] POPKOVA E G. New quality of economic growth concept [J]. International Journal of Economic Policy Studies January, 2010, 5 (1): 75-88.

[35] DEAKIN M, REID A. Sustainable urban development: use of the environmental assessment methods [J]. Sustainable Cities and Society, 2014, 10: 39-48.

[36] FRITZ M, KOCH M. Economic development and prosperity patterns around the world: structural challenges for a global steady-state economy [J]. Global Environmental Change, 2016, 38: 41-48.

[37] JEFFERSON G, ALBERT G Z, HU X J. Ownership, performance, and innovation in China' s large- and medium-size industrial enterprise sector [J]. China Economic Review, 2003, 14 (1): 89-113.

[38] SALEEM H, SHAHZAD M, KHAN M B, et al. Innovation, total factor productivity and economic growth in Pakistan: a policy perspective [J]. Journal of Economic Structures, 2019, 8: 1-18.

[39] 卡马耶夫. 经济增长的速度和质量 [M]. 陈华山, 译. 武汉: 湖北人民出版社, 1983: 19-25.

[40] THOMAS V, DAILAMI M, DHARESHWAR A, et al. 增长的质量 [M]. 北京: 中国财政经济出版社, 2001: 147-153.

[41] BARRO R J. Quantity and quality of economic growth [R]. Working Papers from Central Bank of Chile, 2002: 25-39.

[42] POVEDA A C. Economic development and growth in Colombia: an empirical analysis with super-efficiency DEA and panel data models [J]. Socio-Economic Planning Sciences, 2011, 45 (4): 154-164.

[43] KIM S E, KIM H, CHAE Y. Anew approach to measuring green growth: application to the OECD and Korea [J]. Futures, 2014, 63: 37-48.

[44] CHUVASHOVA M N, AVRAMCHIKOVA N T, ANTAMOSHKIN A N. Indexes system of technological condition assessment of economic branches [J]. IOP Conference Series: Materials Science and Engineering, 2015, 94 (1): 1-6.

[45] CARON J, DURAND S, ASSELIN H. Principles and criteria of sustainable development for the mineral exploration industry [J]. Journal of Cleaner Production, 2016, 119 (15): 215-222.

[46] ROKHIM R, WAHYUNI S, WULANDARI P, et al. Analyzing key success factors of local economic development in several remote areas in Indonesia [J]. Journal of Enterprising Communities: People and Places in the Global Economy, 2017, 11 (4): 438-455.

[47] ABDOULI M, HAMMAMI S. The impact of FDI inflows and environmental quality on economic growth: an empirical study for the MENA countries [J]. Journal of the Knowledge Economy, 2017, 8 (1): 254-278.

[48] 周光召，牛文元. 中国可持续发展战略 [M]. 北京：西苑出版社，2000：139-175.

[49] 叶文虎，仝川. 联合国可持续发展指标体系评述 [J]. 中国人口资源与环境，1997，7（3）：83-87.

[50] 吴江，王斌，申丽娟. 中国新型城镇化进程中的地方政府行为研究 [J]. 中国行政管理，2009（3）：88-91.

[51] 张耀宇，陈利根，陈会广. “土地城市化”向“人口城市化”转变：一个分析框架及其政策含义 [J]. 中国人口资源与环境，2016，26（3）：127-135.

[52] 宁越敏. 中国推进新型城镇化战略的思考 [J]. 上海城市规划，2014（1）：43-46.

[53] 彭红碧，杨峰. 新型城镇化道路的科学内涵 [J]. 理论探索，2010（4）：75-78.

[54] 徐林，曹红华. 从测度到引导：新型城镇化的“星系”模型及其评价体系 [J]. 公共管理学报，2014，11（1）：65-74+140-141.

[55] 张许颖，黄匡时. 以人为核心的新型城镇化的基本内涵、主要指标和政策框架 [J]. 中国人口·资源与环境，2014，24（S3）：280-283.

[56] 任远. 人的城镇化：新型城镇化的本质研究 [J]. 复旦学报（社会科学版），2014，56（4）：134-139.

[57] 辜胜阻，易善策，李华. 城镇化进程中农村留守儿童问题及对策 [J]. 教育研究，2011，32（9）：29-33.

[58] 辜胜阻，易善策，郑凌云. 基于农民工特征的工业化与城镇化协调发展研究 [J]. 人口研究，2006（5）：1-8.

[59] 汪丽，李九全. 新型城镇化背景下的西北省会城市化质量评价及其动力机制 [J]. 经济地理，2014，34（12）：55-61.

[60] 倪鹏飞. 新型城镇化的基本模式、具体路径与推进对策 [J]. 江海

学刊，2013（1）：87-94.

[61] 杨发祥，茹婧. 新型城镇化的动力机制及其协同策略［J］. 山东社会科学，2014（1）：56-62.

[62] 杨建科. 新常态战略下的新型城镇化：选择动力与规避陷阱［J］. 城市发展研究，2016，23（7）：15-20.

[63] 熊湘辉，徐璋勇. 中国新型城镇化水平及动力因素测度研究［J］. 数量经济技术经济研究，2018，35（2）：44-63.

[64] 王新越，宋飏，宋斐红. 山东省新型城镇化的测度与空间分异研究［J］. 地理科学，2014，34（9）：1069-1076.

[65] 刘遵峰，刘秋玲，张春玲. 县域新型城镇化发展水平评价：以河北省为例［J］. 华北理工大学学报（社会科学版），2018，18（5）：34-38.

[66] 欧名豪，李武艳，刘向南，等. 区域城市化水平的综合测度研究：以江苏省为例［J］. 长江流域资源与环境，2004（5）：408-412.

[67] 季小妹，武红智. 我国新型城镇化动力机制研究进展［J］. 现代城市研究，2015（10）：60-64.

[68] 魏人民. 新型城镇化建设应解决七个失衡问题［J］. 经济纵横，2013（9）：12-15.

[69] 刘嘉汉，罗蓉. 以发展权为核心的新型城镇化道路研究［J］. 经济学家，2011（5）：82-88.

[70] 刘少华，夏悦瑶. 新型城镇化背景下低碳经济的发展之路［J］. 湖南师范大学社会科学学报，2012，41（3）：84-87.

[71] 张鸿雁. 中国新型城镇化理论与实践创新［J］. 社会学研究，2013，28（3）：1-14+241.

[72] 谢天成，施祖麟. 中国特色新型城镇化概念、目标与速度研究［J］. 经济问题探索，2015（6）：112-117.

[73] 周柏春，娄淑华. 新型城镇化的主体维度分析：来自政府与农民的考察［J］. 农业经济问题，2015，36（4）：71-77+112.

[74] 熊湘辉，徐璋勇. 中国新型城镇化水平及动力因素测度研究［J］. 数量经济技术经济研究，2018，35（2）：44-63.

[75] 常益飞. 新型城镇化发展道路研究［D］. 兰州：兰州大学，2010.

[76] 安晓亮，安瓦尔·买买提明. 新疆新型城镇化水平综合评价研究［J］. 城市规划，2013（7）：23-27.

[77] 单卓然，黄亚平. “新型城镇化”概念内涵、目标、规划策略及认

知误区解析 [J]. 城市规划学刊，2013 (2)：16-22.

[78] 周剑云，鲍梓婷，戚冬瑾. “新型城镇化” 的话语分析 [J]. 城市规划，2018 (6)：86-94.

[79] 杜金金. 近五年我国新型城镇化发展认识研究 [J]. 西安交通大学学报，2018 (2)：91-99.

[80] 梅丽，倪新生. 新型城镇化的内涵与特征 [J]. 市场周刊，2019 (1)：172-173.

[81] 方创琳. 中国新型城镇化高质量发展的规律性与重点方向 [J]. 地理研究，2019，38 (1)：13-22.

[82] 冷崇总. 构建经济发展质量评价指标体系 [J]. 宏观经济管理，2008 (4)：43-45.

[83] 刘晓旭. 衡量经济发展质量的六个维度 [J]. 中国党政干部论坛，2017 (12)：53-54.

[84] 刘亚建. 我国经济增长效率分析 [J]. 思想战线，2002 (4)：30-34.

[85] 刘树成. 论又好又快发展 [J]. 经济研究，2007 (6)：4-14.

[86] 钞小静，任保平，许璐. 中国经济增长质量的地区差异研究：基于半参数个体时间异质模型的检验 [J]. 江西财经大学学报，2016 (1)：10-21.

[87] 任保平，魏语谦. 中国地方经济增长向质量型转换的绩效测度与路径选择 [J]. 西北大学学报（哲学社会科学版），2017，47 (2)：50-60.

[88] 徐学敏. 发展经济重在质量 [J]. 财经问题研究，1998 (12)：10-12.

[89] 韩士元. 城市经济发展质量探析 [J]. 天津社会科学，2005 (5)：83-85.

[90] 伍凤兰. 经济发展质量的综合评价研究：以深圳市为例 [J]. 证券市场导报，2014 (2)：42-46.

[91] 许永兵. 河北省经济发展质量评价：基于经济发展质量指标体系的分析 [J]. 河北经贸大学学报，2013，34 (1)：58-65.

[92] 何伟. 中国区域经济发展质量综合评价 [J]. 中南财经政法大学学报，2013 (4)：49-56，160.

[93] 张红. 长江经济带经济发展质量测度研究 [J]. 上海金融，2015 (12)：19-24.

[94] 刘晓旭. 衡量经济发展质量的六个维度 [J]. 中国党政干部论坛，

2017 (12): 53-54.

[95] 姚升保. 湖北省经济发展质量的测度与分析 [J]. 统计与决策, 2015 (21): 147-149.

[96] 范金, 张强. 落成长三角城市群经济发展质量的演化趋势与对策建议 [J]. 工业技术经济, 2018, 37 (12): 70-77.

[97] 刘世锦. 推动经济发展质量变革、效率变革、动力变革 [J]. 中国发展观察, 2017 (21): 5-6+9.

[98] 任保平. 创新中国特色社会主义发展经济学, 阐释新时代中国高质量的发展 [J]. 天津社会科学, 2018 (2): 12-18.

[99] 迟福林. 以高质量发展为核心目标建设现代化经济体系 [J]. 行政管理改革, 2017 (12): 4-13.

[100] 杨伟民. 贯彻中央经济工作会议精神, 推动高质量发展 [J]. 宏观经济管理, 2018 (2): 13-17.

[101] 何立峰. 深入贯彻新发展理念, 推动中国经济迈向高质量发展 [J]. 宏观经济管理, 2018 (4): 4-5+14.

[102] 任保平. 创新中国特色社会主义发展经济学, 阐释新时代中国高质量的发展 [J]. 天津社会科学, 2018 (2): 12-18.

[103] 金碚. 关于"高质量发展"的经济学研究 [J]. 中国工业经济, 2018 (4): 5-18.

[104] 杨伟民. 贯彻中央经济工作会议精神, 推动高质量发展 [J]. 宏观经济管理, 2018 (2): 13-17.

[105] 何立峰. 深入贯彻新发展理念, 推动中国经济迈向高质量发展 [J]. 宏观经济管理, 2018 (4): 4-5+14.

[106] 王一鸣. 推动经济高质量发展要坚持问题导向 [J]. 智慧中国, 2018 (9): 32-34.

[107] 王春新. 中国经济转向高质量发展的内涵及目标 [J]. 金融博览, 2018 (5): 42-43.

[108] 冯俏彬. 我国经济高质量发展的五大特征与五大途径 [J]. 中国党政干部论坛, 2018 (1): 59-61.

第二章　新型城镇化与经济发展现状分析

第一节　我国新型城镇化与经济发展现状

一、我国新型城镇化发展现状分析

中华人民共和国成立后，我国的城镇化有了突飞猛进的发展。我国城镇化率从1952年的12.46%逐年增加到1999年的30.9%，年均增加0.39个百分点。进入21世纪后，城镇化伴随工业化的发展进程开始逐年增速，从2002年的39.1%增加到2013年的53.7%。2014年，国家正式公布新型城镇化综合试点名单，颁布《国家新型城镇化规划（2014—2020年）》。至此，我国的城镇化正式进入新型城镇化时代，也正式步入了城镇化深入发展的关键时期。按照走中国特色新型城镇化道路、全面提高城镇化质量的新要求，未来城镇化的发展路径、主要目标和战略任务已明确，我国开启了新型城镇化进程。经过五年的发展，我国的新型城镇化事业取得了不菲的成绩，城镇化率从2014年的54.8%增长到2018年的59.58%。按照世界城市的发展规律，当城镇化率为40%~60%的时候，就标志着城市发展进入成长关键期。这意味着我国的城镇化发展已经到了成长关键期的最后攻坚阶段。尽管改革开放以来，我国的城镇化建设取得重大成就，但与国外尤其是一些发达国家相比，在城镇化率上仍有较大的差距，例如美国城镇化率已达到90%，韩国已达到80%。与此同时，我国在新型城镇化快速推进的过程中，新型城镇化增速快却低效，因而仍存在一部分必须高度重视并应该着力解决的突出矛盾和问题：城镇居民化进程滞后、土地城镇化快于人口城镇化导致建设用地管理粗放低效、城乡发展不均衡且差距调控不力、城镇规划布局还有待完善等。

新型城镇化是以城乡统筹、城乡一体、产业互动、节约集约、生态宜居、和谐发展为基本特征的城镇化，也是大中小城市、小城镇、新型农村社区协调发展、互促共进的城镇化。正如国家行政学院决策咨询部主任慕海平所言，新型城镇化不仅是“人口的城镇化”，而且应是产业、人口、土地、社会、农村“五位一体”的城镇化。新型城镇化核心内涵也应该包括人口城镇化、空间布局城镇化、产业结构城镇化、社会城镇化、经济城镇化等。因此，在对我国新型城镇化现状做相关分析时，我们应统筹考虑各方面，把握实际数据的可比性和时效性，建立对比清晰、描述性强的分析图表，并客观地描述和分析在新型城镇化进程中人口、空间布局、产业结构、社会、经济等方面的历史变化与现实状况。同时我们也要理性思考在新型城镇化进程中产生的突出矛盾和问题，这对新型城镇化建设研究以及对其未来发展的合理预测至关重要。

1. 人口城镇化

人口城镇化通常是用城镇人口占总人口的比重来进行描述的。据图 2-1 可知，中国的城镇化发展从 2002 年开始到 2018 年呈现出逐年向好的态势，其中城镇化率也逐年稳定递增。2002 年中国人口城镇化率为 39.1%，城镇人口 50 212万人；2018 年则上涨到 59.6%，城镇人口达 83 137 万人。城镇化率 17 年间增长了 20.5 个百分点，年均增长了 1.2 个百分点，城镇人口数增长了 32 925万人。这表明中国的人口城镇化取得了长足的发展，城镇人口规模达到较高水平，中国的城镇化处在美国城市地理学家诺瑟姆将城镇化所划分的三个阶段中的中期阶段的后半程，城镇化率区间为 30%~70%，这一阶段城镇化发展速度很快。改革开放以来我国工业发展持续积累，工业基础已经比较雄厚，经济实力也明显增强。我国的城镇化发展已经到了成长关键期的最后攻坚阶段，预计到 2020 年年末，中国城镇化率将达到 62%左右。在人口城镇化率保持稳定态势持续增长的进程中，我国城镇化发展的中国特色明显。

第一，人口城镇化水平接近工业化水平。2018 年我国国内生产总值为 900 309.5亿元，工业增加值首次超过 30 万亿，达到了 305 160 亿元，工业化率为 33.9%，中国正处于半工业化时期。按照国际经验，城镇化率与工业化率合理比值为 1.4~2.5，2018 年我国为 1.75，已经进入合理区间。

第二，人口城镇化滞后于土地城镇化。关于我国城镇化协调发展的问题，已有丰富的研究。我国开启新型城镇化进程后，有大量的观点认为我国现阶段的城镇化处于虚高的状态，即土地城镇化发展速度过快，人口城镇化的速度滞后于土地城镇化的速度。由于受到政府行政手段和区域发展不协调等因素的影响，我国的新型城镇化就像是处在空间不协调甚至失衡的状态。在城乡二元结构下一直存在不完全的城镇化和虚假的城镇化。2018 年我国城镇化率为 59.6%，城镇人口 50 212 万人。但其中人口流动量较大，流动人口数达 2.41 亿，因而我国真实的城镇化率还远远未达到 59.6%的水平。不同地域间的发展差异，也使不同地区的土地城镇化和人口城镇化存在非均衡性和异质性，部分发展较好的地区的人口城镇化就出现增速过快的现象，人口大量从周边乡镇转移到大城镇，过度集中在城市或城市某些区域，导致各种“城市病”。与之相比，我国土地城镇化的速率则要明显快于人口城镇化，全国建成区面积从 2013 年的 47 855.28 平方千米扩大到了 2017 年的 56 225.38 平方千米，增加了 17.5%。究其根本，我国现行的城乡间要素不平等交换加速了土地城镇化的进程，同时阻碍了人口城镇化的发展。其一，二元土地制度背景下，政府征收耕地的成本远远低于国有土地的出让价格，“征地价差”使地方政府产生强烈征地动机，推动了城乡间要素的不平等交换，进而非理性地驱使土地城镇化大规模且快速的发展。其二，长期以来，我国资本要素过度倾向于城市，城乡间不断显现资本要素的不平等交换。资本的逐利性质决定了资本大量流向城市，致使本该应用于支持乡村建设和发展的资金通过金融逆向运作又回流到非农业领域和城市，这些资金转化为非农业领域和城市过度膨胀的坚实支撑，进而加剧了土地城镇化的快速扩张。

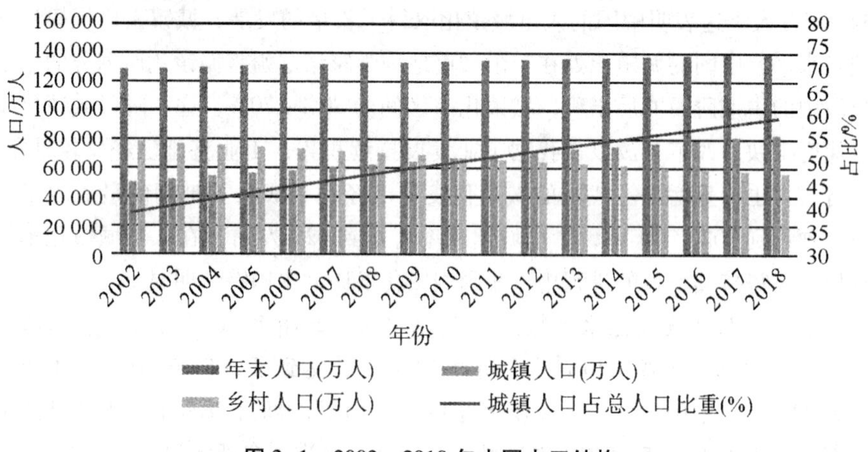

图 2-1　2002—2018 年中国人口结构

第三，户籍人口城镇化滞后于常住人口城镇化。目前，我国户籍人口城镇化率不足 50%。我国现行的城乡二元户籍制度，表面上看是针对户籍管理方面进行的不同规定，但其实质上是对就业、教育、医疗、住房等公共服务的不均衡安排。大量农民工进城就业、生活，但由于户籍管理方面的问题，难以成为真正的城镇居民，导致农民工市民化进程缓慢，大部分“候鸟式”的农民工进入城市后实际上并未给城镇人口带来大规模的增长。另外，由于受到教育程度、技术水平等因素以及城镇地区经济生活压力的影响，农民工的城镇化意愿较低，导致户籍人口城镇化长期滞后于常住人口城镇化，这也是我国城镇化率虚高的原因之一。

中国人口城镇化已经进入新的发展阶段，在新型城镇化的要求下，人口城镇化发展方向由单纯重视速度向速度与质量并重、把高质量发展放在首位转变，改革进入以推进高质量人口城镇化为特征、促进城乡一体化的阶段。人口城镇化空间形态由以前的以东部、大城市为主，分散转向以中西部、中小城市和小城镇为主，从空间布局上构建新型城镇化战略格局。人口迁移模式由“钟摆式”向“稳定式”转变，迁移主体也从过去的第一代农民工转变为新生代农民工，由半农、半工转向以非农为主。现在的迁移主体有强烈意愿定居城镇，人口城镇化稳定趋势凸显。中国作为世界劳动年龄人口数量最多的国家，在未来 15 年内，中国可能仍处在“人口红利期”，人口红利提供经济增长动力的优势还在。人口城镇化集聚效应由以往的人力资源向人力资源和人力资本并存转变，实现质量对数量的替代，进而不断提升国际市场中人力资本的优势。

2. 空间布局城镇化

从宏观来看，我国城镇空间合理布局的“大分散、小集中”格局正在形成，表现为城镇空间与我国地理环境资源基本相协调，形成东密、中散、西稀的总体态势：改革开放 40 多年来，我国从点轴理论出发，从形成“两纵一横”的弓字形布局框架，到“四纵四横”网络的建成，以往的地域限制被完全打破，让区域间的资源共享成为可能，拉动经济的同时也对缓解“大城市病”起到了积极作用。我国形成以京津冀、长江三角洲、珠江三角洲为主的城市群；同时，成渝地区双城经济圈、中原城市群、武汉城市圈、长株潭城市群等正快速崛起。这些区域以极少的土地面积产出了占全国三分之二以上的国内生产总值，已经成为我国城镇人口最为集中的区域和经济发展态势最为活跃的地带，为我国新型城镇化建设带来源源不断的动力。但我国各区域间特殊的地理资源和经济发展环境，使我国城镇化发展呈现区域化的态势，且区域间城镇化发展差距巨大。按经济发展将我国划分为东、中、西、东北四大地区，其中东部地区包括北京市、天津市、河北省、山东省、江苏省、上海市、浙江省、福建省、广东省、海南省，中部地区包括山西省、河南省、湖北省、湖南省、江西省、安徽省，西部地区包括重庆市、四川省、广西壮族自治区、陕西省、贵州省、云南省、甘肃省、青海省、内蒙古自治区、新疆维吾尔自治区、西藏自治区、宁夏回族自治区，东北地区包括黑龙江省、吉林省、辽宁省。由表 2-1 可知，从 2009 年以来，在我国城镇化进程中，各地区间差距明显，东部地区城镇化整体水平显著高于其他地区。到了 2014 年以后，我国新型城镇化快速发展，东部地区大部分省（区、市）城镇化率更是高于同期全国整体城镇化水平。北京、上海、天津等城市的城镇化率更是高达 80%以上，已经达到国际上较高城镇化发展水平。同时以东部各大核心城市为中心形成的东部地区城市群发展也更加成熟，体现为东部地区城镇化密集发展。与之相比，中西部地区城镇化发展则显得动力不足。以西部地区的云贵川为例，2017 年云南、贵州、四川的城镇化率分别为 46. 69%、46. 02%、50. 79%，三个地区的城镇化发展水平均低于同期全国整体城镇化水平。这与云贵川地区的地理空间和经济资源有关，这些区域的城镇化发展还处在初级阶段，对各自区域内经济发展和城镇建设的带动作用才刚刚凸显，对国内生产总值的贡献还较为有限。但随着城镇化网络的构建，各区域间协调发展更为紧密。资源共享为中西部地区发展提供了更多动能，中西部地区的新型城镇化发展的未来也将表现出较好的趋势。

表 2-1　我国 2009—2017 年各地区城镇化率　　单位:%

地区		2009 年	2010 年	2011 年	2012 年	2013 年	2014 年	2015 年	2016 年	2017 年
全国		48. 34	49. 95	51. 27	52. 57	53. 73	54. 77	56. 10	57. 35	58. 52
东部地区	北京	85. 00	85. 96	86. 20	86. 20	86. 30	86. 35	86. 50	86. 50	86. 50
	天津	78. 01	79. 55	80. 50	81. 55	82. 01	82. 27	82. 64	82. 93	82. 93
	河北	43. 74	44. 50	45. 60	46. 80	48. 12	49. 33	51. 33	53. 32	55. 01
	上海	88. 60	89. 30	89. 30	89. 30	89. 60	89. 60	87. 60	87. 90	87. 70
	江苏	55. 60	60. 58	61. 90	63. 00	64. 11	65. 21	66. 52	67. 72	68. 76
	浙江	57. 90	61. 62	62. 30	63. 20	64. 00	64. 87	65. 80	67. 00	68. 00
	福建	55. 10	57. 10	58. 10	59. 60	60. 77	61. 80	62. 60	63. 60	64. 80
	山东	48. 32	49. 70	50. 95	52. 43	53. 75	55. 01	57. 01	59. 02	60. 58
	广东	63. 40	66. 18	66. 50	67. 40	67. 76	68. 00	68. 71	69. 20	69. 85
	海南	49. 13	49. 80	50. 50	51. 60	52. 74	53. 76	55. 12	56. 78	58. 04

表2-1(续)

地区		2009 年	2010 年	2011 年	2012 年	2013 年	2014 年	2015 年	2016 年	2017 年
中部地区	山西	45.99	48.05	49.68	51.26	52.56	53.79	55.03	56.21	57.34
	安徽	42.10	43.01	44.80	46.50	47.86	49.15	50.50	51.99	53.49
	江西	43.18	44.06	45.70	47.51	48.87	50.22	51.62	53.10	54.60
	河南	37.70	38.50	40.57	42.43	43.80	45.20	46.85	48.50	50.16
	湖北	46.00	49.70	51.83	53.50	54.51	55.67	56.85	58.10	59.30
	湖南	43.20	43.30	45.10	46.65	47.96	49.28	50.89	52.75	54.62
西部地区	广西	39.20	40.00	41.80	43.53	44.81	46.01	47.06	48.08	49.21
	重庆	51.59	53.02	55.02	56.98	58.34	59.60	60.94	62.60	64.08
	四川	38.70	40.18	41.83	43.53	44.90	46.30	47.69	49.21	50.79
	贵州	29.89	33.81	34.96	36.41	37.83	40.01	42.01	44.15	46.02
	云南	34.00	34.70	36.80	39.31	40.48	41.73	43.33	45.03	46.69
	西藏	22.30	22.67	22.71	22.75	23.71	25.75	27.74	29.56	30.89
	陕西	43.50	45.76	47.30	50.02	51.31	52.57	53.92	55.34	56.79
	甘肃	34.89	36.12	37.15	38.75	40.13	41.68	43.19	44.69	46.39
	青海	41.90	44.72	46.22	47.44	48.51	49.78	50.30	51.63	53.07
	宁夏	46.10	47.90	49.82	50.67	52.01	53.61	55.23	56.29	57.98
	新疆	39.85	43.01	43.54	43.98	44.47	46.07	47.23	48.35	49.38
	内蒙古	53.40	55.50	56.62	57.74	58.71	59.51	60.30	61.19	62.02
东北地区	辽宁	60.35	62.10	64.05	65.65	66.45	67.05	67.35	67.37	67.49
	吉林	53.32	53.35	53.40	53.70	54.20	54.81	55.31	55.97	56.65
	黑龙江	55.50	55.66	56.50	56.90	57.40	58.01	58.80	59.20	59.40

从微观来看，城市内部地理区域划分为城市核心区、中心城区、近郊区以及较偏远的区县，总体城镇空间结构层次日益显现。例如天津市改变发展思路，按照“以产促城、产城互动”的新发展理念加强产业和城镇布局的融合，逐渐形成一核一极七大区多节点的新型城镇化格局；成都市也根据本地城镇布局特色提出新的城市发展战略，规划“11+2”的区域结构，按照地理区域功能和经济发展形成成都城镇三圈层，一圈层为中心 5 大城区及高新区，二圈层为近郊的 6 个区县，三圈层为 8 个远郊县，城镇空间结构分层次格局已形成。

从城镇建成区面积看，城镇化建成区面积可以反映空间城镇化的水平。据图 2-2 可知，2009—2017 年我国建成区面积呈现逐年上升的态势。2009 年的城镇建成区面积为 38 107.26 平方千米，到了 2017 年建成区面积则达到了

56 225. 8平方千米，9 年间建成区面积增长了近 18 000 平方千米，表明我国空间城镇化发展较好，这也是改革开放以来经济社会跨越式发展取得的巨大成就。我国加大了对基础设施的投入，更加注重城镇高质量发展以吸引更多农村居民进入城镇生活和创业，这对城镇发展起到了很大的推动作用。

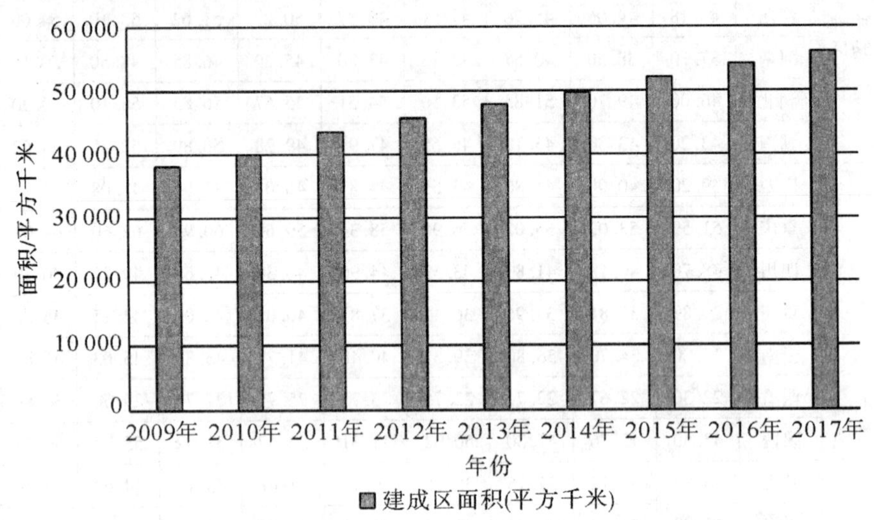

图 2-2　2009—2017 年我国城镇建成区面积

3. 产业结构城镇化

当前，我国城镇人口集聚趋势显著，大量农村人口涌入城市。但是城镇基础设施建设、公共服务和管理的发展还远不能满足目前的需要，从而导致半城镇化问题突出，非城镇户籍人口不能均等化地享有城镇户籍人口所享有的利益和社会公共服务，“城市病”问题层出不穷，产业粗放式发展也造成很多严重后果。此外我国当前三次产业发展水平较低，仍处于全球产业链的中低端。在城镇化的建设过程中，产业水平与产业结构的空间布局不协调，导致我国人力、物力等资源过于集中在某些区域，产业结构城镇化发展水平严重不足，使区域间贫富差距日益扩大，不利于我国共享经济的发展。在新型城镇化积极稳妥推进过程中，产业结构升级优化效果显著。由表 2-2 可知，我国第三产业增加值大幅提升，同比增长速率超过第一产业、第二产业，第三产业同比增长稳定在 8%左右。第三产业在新型城镇化的进程中得到快速发展，尤其是现代服务业，这也在客观上要求产业结构不断优化升级。但同时我们也要清晰地认识到，我国产业结构中服务业所占比重比起发达国家产业结构中服务业所占比重，仍有差距。

表 2-2　2010—2018 年我国三次产业增加值和同比增长

年份	第一产业增加值/亿元	第一产业增加值同比增长/%	第二产业增加值/亿元	第二产业增加值同比增长/%	第三产业增加值/亿元	第三产业增加值同比增长/%
2010 年	38 430. 8	4. 3	191 629. 8	12. 7	182 058. 6	9. 7
2011 年	44 781. 4	4. 2	227 038. 8	10. 7	216 120. 0	9. 5
2012 年	49 084. 5	4. 5	244 643. 3	8. 4	244 852. 2	8. 0
2013 年	53 028. 1	3. 8	261 956. 1	8. 0	277 979. 1	8. 3
2014 年	55 626. 3	4. 1	277 571. 8	7. 4	308 082. 5	7. 8
2015 年	57 774. 6	3. 9	282 040. 3	6. 2	346 178. 0	8. 2
2016 年	60 139. 2	3. 3	296 547. 7	6. 3	383 373. 9	7. 7
2017 年	62 099. 5	4. 0	332 742. 7	5. 9	425 912. 1	7. 9
2018 年	64 734. 0	3. 5	366 000. 9	5. 8	469 574. 6	7. 6

与此同时，由于我国某些地区新型城镇化建设开发过度，其产业结构升级的重要性被忽略，这造成大城市对常住人口和产业结构升级承载不足，小城镇对农业转移人口和产业转移吸纳不足的失衡状态。另外，我国新型城镇化发展速度受到产业结构升级的影响，在第三产业占比逐年升高、第二产业占比逐年下降的形势下，由于农民工就业大多集中在第二产业，第三产业对农民工的吸引力和承载能力不足，不利于农业人口转移，也就不利于我国新型城镇化的发展。如表 2-3 所示，我国三次产业结构中，第三产业产值占比明显高于第二产业；就业结构中，第二产业占比则明显高于第三产业，这表明第三产业对农民工的吸引力不能满足目前的需要。

表 2-3　农民工就业及三次产业产值在全国产业结构中的占比

单位:%

指标		2012 年	2013 年	2014 年	2015 年	2016 年
就业结构	第一产业	0. 4	0. 6	0. 5	0. 4	0. 4
	第二产业	57. 1	56. 8	56. 6	55. 1	52. 9
	第三产业	42. 5	42. 6	42. 9	44. 5	46. 7
产值比重	第一产业	9. 4	9. 3	9. 1	8. 8	8. 6
	第二产业	45. 3	44. 0	43. 1	40. 9	39. 8
	第三产业	45. 3	46. 7	47. 8	50. 2	51. 6

新型城镇化的内涵要求是城乡统筹、产城互动、节约集约、生态宜居、和谐发展等。从2014年以来，城镇化的空间集聚性使区域范围内的要素流动性加强，社会分工更为细化，资源利用高效节约，城镇基础设施和公共服务设施不断完善，人居环境有了很大的提高和改善。产业结构城镇化，以新型城镇化的发展为依托，通过强调以人为本、优化产业结构、重视生态保护，加速了优质人力资源集聚、产业协同创新，为产业结构升级汇聚了多方面优质生产要素和创新资源，从而拓宽了产业发展空间；同时，这也提高了各要素在不同区域城镇间的自由交换以及产业研发创新的效能，有助于产业分工专业化、空间布局集约化和优化产业结构升级。另外，产业结构城镇化为新型城镇化建设提供了产业经济支撑，促进农村人力资源向城镇转移，推动服务型农业的生产、发展，促进农村与城镇一、二、三产业融合发展，进而提高新型城镇化水平。

4. 社会城镇化

本书将从城镇居民人均收支、市政及公共设施建设、城市公共交通、绿地环境等方面描述我国目前新型城镇化进程下社会城镇化的发展水平。据图2-3，我国城镇居民人均可支配收入在2013—2018年呈现逐年上升的趋势。2013年我国城镇居民人均可支配收入为26 467元，2018年我国城镇居民人均可支配收入达到了39 251元，6年间增加了12 784元，年均增加2 130.1元。在收入增加的同时，良好的经济效应也为消费提供了动力。据图2-3，我国城镇居民人均消费支出也显现了逐年上升的趋势，从2013年的18 488元到2018年的26 112元，6年间增长了41.2%，年均增长6.9个百分点。2013年新型城镇化发展以来，城镇各方面建设加快脚步，产业结构升级优化，产城融合不断加强，就业机会大幅增多，居民收入也得到了大幅度的增长；同时消费结构也更加多元，更多新兴产业的出现为城镇居民消费选择带来更多新的方向。

据表2-4，从2009年以来，我国城市道路建设及桥梁建设快速发展，道路通行里程由2009年的26.9万千米延长到2017年的39.8万千米，2017年已建成的道路面积达788 852.6万平方米，城市桥梁由2009年的51 068座增加到2017年的69 816座。这显示了我国强大的基础设施建设能力，为城镇化高速发展提供了重要支撑。随着排污管道的加速铺设和污水处理技术的大幅提升，城市排污能力不断加强，为城市污水治理做出重要贡献；城市亮化工程也同步快速发展。与此同时，我国公共设施水平也随着新型城镇化的进程大幅提升。据表2-5可知，2017年我国城市用水和燃气普及率分别为98.3%、96.3%，每万人拥有公共交通车辆达到14.73标台，人均公园绿地面积达14.01平方米。但每万人拥有公共厕所数从2009年开始明显持续下降，这是因为城镇化建设快速发展，更多的农村居民进入城市，城镇常住居民人数大幅上升，导致原有的公共厕所建设速度明显滞后于人口数量上涨；2016 年开始公共厕所建设水平有所回升。据表 2-6 可知，2017 年我国城市公共交通及轨道运营水平与 2009 年相比有了大幅提升，运营里程更长，运营交通工具规模更大，为城镇居民的出行带来更多的便利。

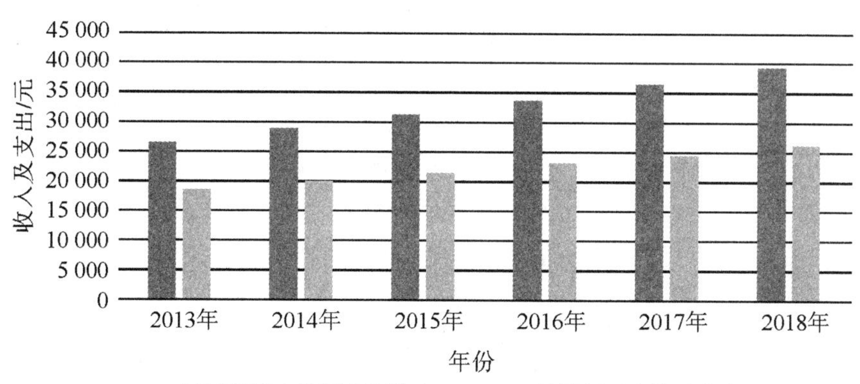

图 2-3　2013—2018 年我国城镇居民人均可支配收入和人均消费支出

表 2-4　2009—2017 年我国市政设施建设情况

指标	2009 年	2010 年	2011 年	2012 年	2013 年	2014 年	2015 年	2016 年	2017 年
道路长度/万千米	26.9	29.4	30.9	32.7	33.6	35.2	36.5	38.2	39.8
道路面积/万平方米	481 947	521 321.8	562 523.2	607 449.3	644 154.8	683 027.9	717 675.1	753 818.9	788 852.6
城市桥梁/座	51 068	52 548	53 386	57 601	59 530	61 872	64 512	67 737	69 816
城市排水管道长度/万千米	34.4	37	41.4	43.9	46.5	51.1	54	57.7	63
城市污水日处理能力/万立方米	12 184	13 393	13 304	13 693	14 653	15 124	16 065	16 779	17 037
城市道路照明灯/盏	16 942 776	17 739 889	19 492 076	20 622 248	21 995 472	23 019 144	24 225 203	25 623 261	25 936 289

数据来源：国家统计局资料。

表 2-5　2009—2017 年我国城市公共设施水平

指标	2009 年	2010 年	2011 年	2012 年	2013 年	2014 年	2015 年	2016 年	2017 年
城市用水普及率/%	96.1	96.7	97	97.2	97.6	97.6	98.1	98.4	98.3
城市燃气普及率/%	91.4	92	92.4	93.2	94.3	94.6	95.3	95.8	96.3
每万人拥有公共交通车辆/标台	11.12	11.2	11.81	12.15	12.78	12.99	13.29	13.84	14.73
人均城市道路面积/平方米	12.79	13.21	13.75	14.39	14.87	15.34	15.6	15.8	16.05
人均公园绿地面积/（平方米/人）	10.66	11.18	11.8	12.26	12.64	13.08	13.35	13.7	14.01
每万人拥有公共厕所/座	3.15	3.02	2.95	2.89	2.83	2.79	2.75	2.72	2.77

注：人均和普及率指标按城区人口与暂住人口之和计算，以公安部门的户籍统计和暂住人口统计为准。

数据来源：国家统计局资料。

表 2-6　2009—2017 年我国城市公共交通运营情况

指标	2009 年	2010 年	2011 年	2012 年	2013 年	2014 年	2015 年	2016 年	2017 年
公共交通车辆运营数/辆	370 640	383 000	412 590	432 021	460 970	476 255	502 916	538 842	583 437
公共汽电车运营数/辆	365 161	374 876	402 645	419 410	446 604	458 955	482 975	515 051	554 820
轨道交通运营数/辆	5 479	8 285	9 945	12 611	14 366	17 300	19 941	23 791	28 617
运营线路总长度/千米	209 249	490 283	521 253	551 794	577 581	620 051	669 639	729 418	795 935
公共汽电车运营线路总长度/千米	208 250	488 812	519 554	549 736	575 173	617 235	666 444	725 690	791 365
轨道交通运营线路总长度/千米	999	1 471	1 699	2 058	2 408	2 816	3 195	3 728	4 570
公共交通客运总量/万人次	6 767 589	6 867 497	7 439 185	7 887 914	8 254 548	8 495 033	8 454 295	8 441 316	8 470 688
公共汽电车客运量/万人次	6 401 819	6 310 720	6 725 785	7 014 989	7 162 676	7 228 457	7 054 193	6 826 235	6 627 688

表2-6(续)

指标	2009 年	2010 年	2011 年	2012 年	2013 年	2014 年	2015 年	2016 年	2017 年
轨道交通客运量/万人次	365 770	556 777	713 400	872 925	1 091 872	1 266 576	1 400 102	1 615 081	1 843 000
出租汽车/辆	971 579	986 000	1 002 306	1 026 678	1 053 580	1 074 386	1 092 083	1 102 563	1 102 823

注：2011 年公共交通运营数另有上海市磁悬浮列车 14 辆，运营线路总长度 29 千米。

数据来源：国家统计局资料。

从表 2-7 可以看出，我国的城市绿地面积 2009—2017 年总体呈上升的趋势。2009 年我国城市绿地面积为 199.32 万公顷，2017 年则扩大到 292.13 万公顷，9 年间扩大了近 100 万公顷；城市公园建成个数也从 2009 年的 9 050 个增加到 2017 年的 15 633 个，这说明 2009 年以来我国城镇化取得了较为明显的进步。新型城镇化更加注重以人为本，城镇大力兴建公园绿地，城镇中处处绿树成荫，花草繁茂，在促进城镇居民休闲娱乐的同时也使居民们更加重视自身的发展。

表 2-7　2009—2017 年我国绿地和园林建设水平

指标	2009 年	2010 年	2011 年	2012 年	2013 年	2014 年	2015 年	2016 年	2017 年
城市绿地面积/万公顷	199.32	213.43	224.29	236.78	242.72	252.8	266.96	278.61	292.13
城市公园绿地面积/万公顷	40.16	44.13	48.26	51.78	54.74	57.68	61.41	65.36	68.84
公园个数/个	9 050	9 955	10 780	11 604	12 401	13 037	13 834	15 370	15 633
公园面积/万公顷	23.58	25.82	28.58	30.62	32.98	35.24	38.38	41.69	44.46
建成区绿化覆盖率/%	38.2	38.6	39.2	39.6	39.7	40.2	40.1	40.3	40.9

数据来源：国家统计局资料。

5. 经济城镇化

我国经济城镇化的发展可从第二、三产业从业人员比重，三次产业贡献率，城镇登记失业率来体现。由图 2-4 可以看出，我国 2009—2012 年第二、三产业就业人员的比重整体呈上升的态势。2009 年第二、三产业就业人员的比重分别为 27.80%、34.10%；到了 2012 年，比重分别增加到 30.30%、36.10%。自 2012 年起，第二产业和第三产业就业人员占比趋势开始发生变化，第二产业就业人员占比上升趋势不再，并开始逐年下降，直到降为 2018 年的 27.57%，年均下降 0.39 个百分点。与之相比，第三产业就业人员占比从

2012 年开始增速加快，到 2018 年达到了 46.32%，7 年间上涨了 10.22 个百分点，年均增长 1.46 个百分点。同时，由图 2-5 可知，我国第二、三产业对 GDP 的贡献率的趋势呈“倒 X 形”，即第二产业对 GDP 的贡献率在 2009—2018 年整体呈现下降趋势，第三产业对 GDP 的贡献率在 2009—2018 年整体呈现上升趋势，在 2014 年第二、三产业对 GDP 的贡献率近似相等。这是由于自 2012 年开始，我国产业结构逐渐优化升级，新兴第三产业涌现，尤其是服务创新行业的迅猛发展，大量就业人员向第三产业转移，使得第三产业迅速发展。目前我国有将近一半的人口在第三产业就业，这为我国经济城镇化发展提供了原动力，新型城镇化的发展也会带动第三产业的发展，促进人口向城镇聚集，使得更多的人口从事第三产业。

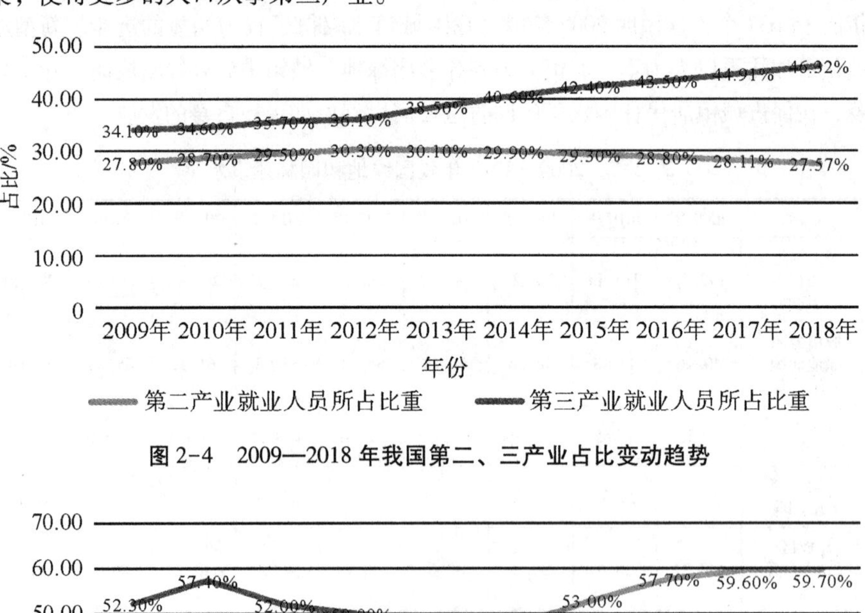

图 2-4　2009—2018 年我国第二、三产业占比变动趋势

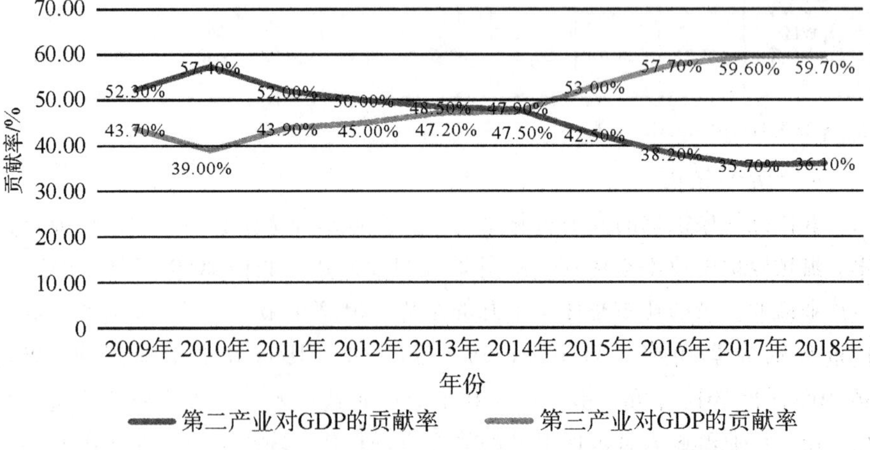

图 2-5　2009—2018 年我国第二、三产业对 GDP 的贡献率变动趋势

从城镇登记失业率来看（见图 2-6），我国城镇登记失业率在 2009—2010 年有明显的下降趋势，从 4. 3%降到 4. 1%；之后在 2010 年到 2015 年的 6 年时间里一直维持在 4. 1%左右，从 2015 年开始又呈现出逐年下降的趋势，直到降为 2018 年的 3. 8%。2018 年全国城镇就业形势总体平稳、稳中有进，全年城镇新增就业 1 361 万人，同比增长近 10 万人。在整体经济增长趋缓的情形下，我国就业形势明显转好，这背后反映的是中国经济的转型升级，即随着第三产业的发展，服务业吸纳的就业人口越来越多，消费升级也为就业提供了诸多良机。中国经济发展水平的提高，使得劳动参与率也有所下降，部分适龄劳动者放弃寻找工作，这部分没有工作意向的人没有被统计在失业人口中，进而影响到了登记失业率。

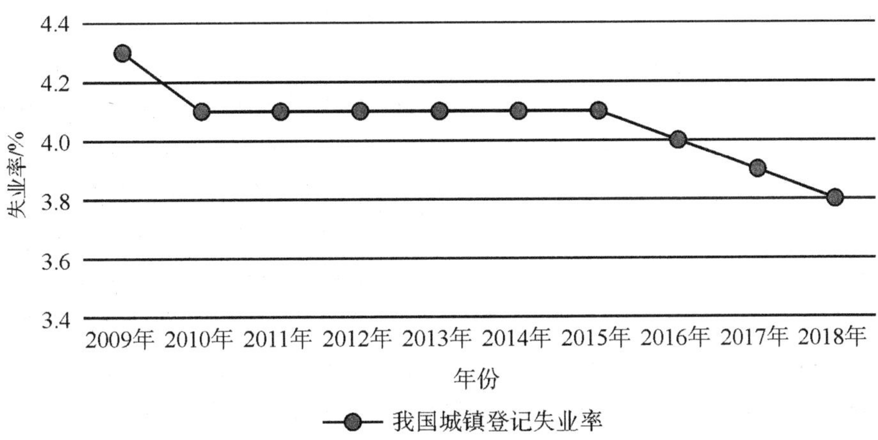

图 2-6　2009—2018 年我国城镇登记失业率趋势

二、我国经济发展现状分析

新中国经济发展 70 年来，风雨征程，经历了四次大的转型，包括：①计划经济时代（1949—1978 年）。中华人民共和国成立初期，由于社会生产力的极度落后，因此要把有限的资源配置到我们应该优先考虑的行业和领域中去。我国在计划市场条件下优先发展装备制造业，提高工业增长速度，通过重生产、轻生活，重积累、轻消费，重重工业、轻轻工业等一系列手段，实现在落后生产力条件下的最大产出，以此来满足人民群众对物质文化生活的需要。②经济体制改革与双轨制时代（1979—1997 年）。1978 年 12 月党的十一届三中全会召开，正式揭开了我国改革开放的序幕，我国也正式开始了经济体制改革，既坚持社会主义公有制又大力发展非公有制经济，既坚持按劳分配又大力支持按要素分配，既要发挥市场的决定性作用又要更好地发挥政府的作用，实行“效率优先，兼顾公平”。但这种改革是特定时代的产物，而当时的主要特征就是短缺，各种物质与非物质的产品均短缺，这种改革的弊端随着短缺特征的消失便逐渐显现出来。政府通过提供公共品满足经济发展需要，不断加大投资，进一步推动 GDP 的增长速度，逐渐使中国经济步入高速增长的时代。③政府需求拉动时代（1998—2008 年）。1997 年由东南亚金融危机引起的金融风暴席卷整个亚洲，使得中国经济面临有效需求不足的情况，难以维持经济的既有增长速度，同时还凸显出从计划经济向社会主义市场经济转变、从封闭向开放转变、从农业社会向工业社会转变的矛盾，这些矛盾交织在一起使中国经济发展面临巨大挑战。面对国内外复杂环境，“两头在外”的发展战略遭遇瓶颈，我国政府实施积极的财政政策，决定由中央财政出资，大力兴建基础设施拉动内需，由此我国顺利度过亚洲金融危机，同时也为今天的供给侧结构性改革埋下伏笔。在此阶段中国经济仍然具有良好的发展态势，并迎来了新一轮的经济高速增长。④经济发展方式亟待转型的时代（2009 年至今）。1997 年亚洲金融危机爆发 10 年后，又爆发了始于美国的全球金融危机，中国再次通过大量投资基础设施建设以期平安度过，并维持经济的高速增长。但从 2013 年起，中国 GDP 增速明显开始放缓，此后多年也一直维持在 6%~7%的中高速水平。中国经济面临增速减缓，经济发展模式急需转型优化的问题。在“稳中求进”的总基调中，中国经济已从高速发展阶段转向高质量发展阶段，社会主要矛盾转化为人民日益增长的美好生活需求和不平衡不充分发展之间的矛盾。这要求我们正确看待 GDP 增速，更应该关注供需平衡，把结构优化放在一个重要的位置，更好地实现以人民为中心的经济发展目标。

这四次转型作为重要“推手”推动了中国经济高速增长和发展，同时对中国经济发展提出了更高要求。党的十九大报告已经明确指出我国经济正处在转变发展方式、优化经济结构、转换增长动力的攻关期。2019 年以来，我国宏观政策逆周期调节持续发力，四大宏观指标处于合理区间，经济运行总体平稳且稳中有进，但国内外形势依然复杂严峻，市场需求走弱，经济下行压力加大。面对这样的复杂局面，我们既要看到我国经济发展正面临的诸多问题，也要看到我国经济后劲足、韧性强、潜力大、空间广，发挥自身所具有的优势，保持经济平稳运行有较多有力支撑。下文将从经济发展的几个不同维度出发，对我国经济发展的现实状况和内涵进行客观描述和分析，以期对中国经济发展做出更深入的剖析。

1. 经济发展的规模和速度

从国内生产总值来看，2010 年我国国内生产总值为 412 119. 3 亿元。到了

2018 年，据国家统计局数据，经初步核算，中国经济总量首次突破 90 万亿元，国内生产总值达 90.030 9 万亿元，按可比价格计算，比上年增长 6.6%；与 2010 年相比，9 年间增长了 2.18 倍，经济总量稳居世界第二位，对世界经济增长贡献率达到 30%左右。在世界经济发展持续疲软的态势下，我国经济发展依然取得了惊人的成就。从经济增长速度来看，由图 2-7 可知，2010 年以来我国经济增速明显放缓，尤其是从 2010 年到 2012 年呈现出“断崖式”下跌，从 2010 年的 10.6%下降至 2012 的 7.9%，随后几年一直保持平缓的下降趋势；2017 年虽有所上升，但 2018 年又回落到 6.6%左右。这是由于中国经济发展已经进入新常态，由以前的一味追求经济发展速度向追求经济高质量发展转变，供给侧结构性改革继续深入，经济结构不断优化升级。尽管经济整体发展不再有以往的高速度，但是高质量的发展理念更符合中国经济“稳中求进”的总基调。在高质量发展的要求下，中国经济增速能够保持平稳的状态，这更有利于国民经济健康发展。站在全球的视角看，2019 年以来，国际形势复杂严峻，世界经济增长整体放缓，经济下行压力增大，我国政府积极强化宏观经济政策以及逆周期调节，出台一系列稳就业、稳投资、稳外贸、稳金融等的经济手段，使我国经济运行保持总体平稳且稳中有进的发展态势。目前我国经济增长速度虽小幅放缓，但增势基本稳定[1]，经济增长速度在全球范围内依然名列前茅，不仅明显快于主要发达经济体，也快于多数新兴经济体。未来我国在全球经济总量达到 1 万亿美元的经济体中有望位居第一，能够继续作为推动世界经济增长的重要引擎而持续发力。

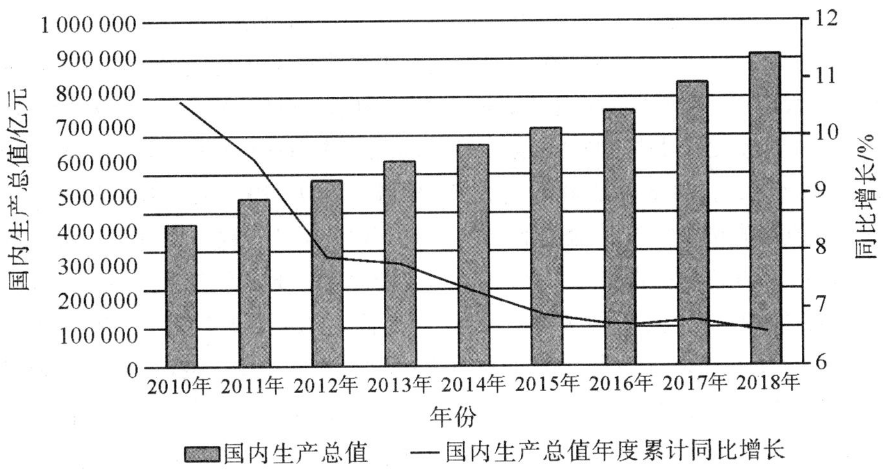

图 2-7　2010—2018 年我国经济发展规模与增速

2. 经济发展的结构

尽管当前中国经济快速发展，在全球经济增速放缓的形势下，依然能够保持较高水平的经济增速，经济总量稳居世界第二，但是经济发展的质量还没有得到显著提高，经济结构性矛盾还较为突出。其中主要矛盾在于产业结构不合理，主要表现为产能过剩，产能利用率偏低，如第一产业中的钢铁、煤炭、水泥等；供给和需求不平衡、不协调的矛盾日益凸显，供给侧明显不能够适应需求结构的快速变化，有效供给和中高端供给不足。过去中国经济发展是粗放型，且依靠传统的“三驾马车”，即投资、消费和净出口。但是近年来，人口老龄化、后发优势消失等问题的出现，以及出口对经济的贡献率大幅下跌至-2.5%，都表明我国经济发展动力正发生变化[2]。产业结构转型升级对经济增长的影响越来越重要，产业结构也在一定程度上决定了经济增长方式。

从我国三次产业结构来看，由图2-8可知，我国第一产业比重在过去10年一直稳定在10%左右，近年来有下降的趋势。第二产业占比和第三产业占比在近10年来有明显的差异。2012年以前第三产业占比和第二产业占比相差幅度未超过5%，且第二产业占比一直领先于第三产业占比。2011年第二、三产业占比差幅急剧缩小，至2012年两者占比几乎相等，分别为45.4%、45.5%，第三产业占比首次超越第二产业占比。此后的6年里，第三产业占比逐年攀升至2018年的52.2%，第二产业占比则降低至2018年的40.7%，两者差幅超过10%，第三产业已经明显领先。具体来看，我国2009年第一产业增加值为33 583.8亿元，占GDP总量的9.6%，到了2018年第一产业增加值为64 734.0亿元，占GDP总量的7.2%。10年间第一产业增加值增加了31 150.2亿元，10年间第一产业增加值占GDP比重变动幅度较小，也就是说我国第一产业占比一直稳定在一个较低的水平上，增长相对缓慢，在经济社会发展的作用方面呈现稳定的状态。我国2009年第二产业增加值为160 171.7亿元，2018年为366 000.9亿元，2018年是2009年的2.29倍。2009—2016年，我国第二产业占比呈现出先略微上升后加速下降，2016—2018年又有轻微回升的趋势。这表明第二产业总量扩张趋势明显，但生产结构不够合理，结构升级较慢，经济增长质量不高。我国2009年第三产业增加值为154 762.2亿元，2018年为469 574.6亿元，2018年是2009年的3.03倍。2009—2018年我国第三产业增长势头迅猛，在就业中已经发挥了主渠道的作用，这说明以往第二产业的主导优势逐渐被第三产业替代。这也表明，我国经济发展的产业结构正得到不断优化。但我们同时也要认识到，与发达国家第三产业所占比重达65%以上相比，我国第三产业占比还是偏低，说明我国第三产业发展还较落后，产业结构优化还有很大的上升空间。

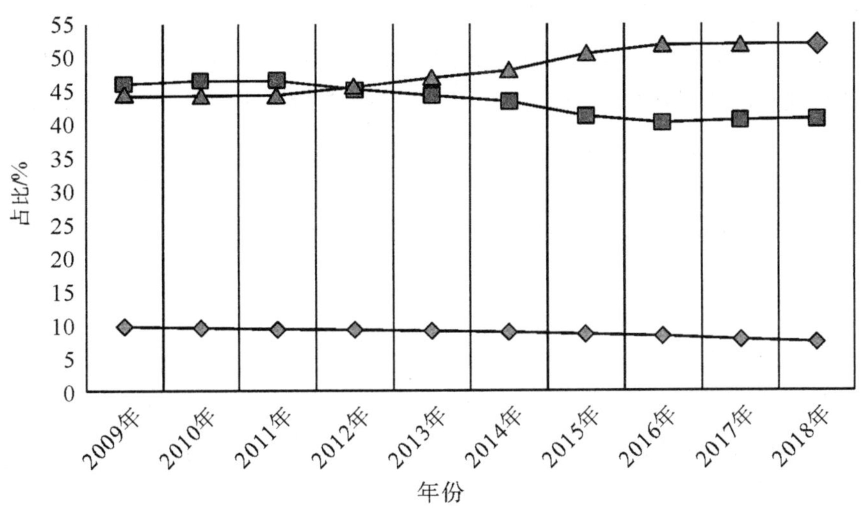

图 2-8　2009—2018 年我国三次产业结构占比变动趋势

3. 经济发展的稳定性

当前我国经济正处在亟待转型升级阶段，呈现出新的特征，这为我国经济稳定运行提供了先决条件，同时也带来了许多挑战。在经济增速减缓的背景下，一味地扩大需求对经济转型作用不大，供给侧结构性改革成为维持经济发展稳定性的“新引擎”。从 GDP 来看，我国经济保持中高速增长，经济总量 2018 年首次突破 90 万亿元，人均 GDP 超过 64 000 元，但 GDP 增速下滑成为必然趋势。国家统计局数据显示，2015 年我国 GDP 同比增长 6.9%，首次跌破 7%，2015—2018 年以来一直稳定在 6.7%左右。从农业发展水平看，2017 年我国农业生产总值为 58 059.76 亿元，按可比价格计算，同比增长 4.0%，2018 年达到 61 452.60 亿元，同比增长 3.5%。这表明我国农业生产保持较高水准，产值稳定。从工业产值来看，2019 年 1—2 月，全国规模以上工业增加值同比增长 5.3%，比上年同期减少 1.9 个百分点。这表明我国工业生产面临复杂的国内外经济环境，产能过剩和有效需求不足之间的矛盾依然存在。但我们也要看到我国工业仍有较大的发展潜能，国家近年来出台了一系列促进工业改革的政策，促使工业结构不断升级优化。同时随着工业 4.0 时代的到来，互联网与工业的创新融合也将为中国工业创造更多新的发展机遇[3]。从固定资产投资来看，2017 年全国固定资产投资（不含农户）为 63.17 万亿元，增速为 7.2%。

2018 年第一季度全国固定资产投资（不含农户）为 154 358 亿元，同比增长 7.0%。这表明我国固定资产投资持续回暖，一方面政府主导投资在相关领域增强了投资者的信心，另一方面投资结构不断升级优化，投资的多样性选择推动了国民经济转型发展。总体来说，我国经济发展保持平稳运行，经济走势整体呈现出回暖趋势。但我们也要明白，我国经济正处在转型关键期，经济发展的稳定性根基很容易被动摇，其中暴露出诸多仍待解决的问题，如：产业结构失衡，产能过剩严重；技术结构性失衡，核心竞争力低下；供需结构矛盾突出，经济发展动能不足；等等。

4. 经济发展的协调性

经济发展的协调性是指按照科学发展的要求，努力实现增长速度、结构、效益相协调，投资、消费、出口相协调，人口、环境、资源相协调，以及城乡、区域间发展相协调，各领域能够稳步发展，避免经济结构失衡，以促进经济又好又快发展。经济发展的协调性同时也是指协调经济各方面、多领域改革纵深推进，协调市场的资源均衡发展，使各种经济成分都能发展繁荣。新时代我国需要解决的核心问题就是经济发展不平衡、不充分的问题，发展的不平衡不充分也为我国经济发展带来更大的潜力和空间[4]。从投资、消费、出口来看，2018 年我国消费对 GDP 增长的贡献率达到 76.2%，消费已经成为推动中国经济发展的核心驱动力。这点同其他欧美发达国家一样，消费引领经济高速发展。投资（资本形成总额）在 2018 年对中国经济增长贡献率则下降至 32.4%，但依然是经济发展的重要推动引擎。在“消费+投资”对 GDP 增长贡献率超过 100%的情况下，我国净出口对 GDP 增长贡献率则为负值，2018 年中国净出口对 GDP 的增长贡献率为-8.9%。近年来中美贸易摩擦的升级，对中国的出口产生了较大影响，导致出口对经济的拉动作用大不如前，一段时间内，我国对外贸易顺差也转变为轻微的逆差。消费已成为当前我国“三驾马车”中较为重要的增长极，但民众也面临住房、医疗和教育的沉重负担。以当前情况来看，消费和投资是我国经济发展的两个重要增长点，如何协调消费和投资则成为亟待解决的问题。从国内消费领域自身发展来看，消费结构性矛盾仍较为明显，主要是因为农村人口和城镇低消费人群依然占据较大比例，他们的消费能力普遍不强，从而限制了我国经济健康发展。因此，我国在加大对社会各行业投资的同时，应该不断扩大内需，稳步提升居民消费水平，促进经济增长由主要依靠投资、出口拉动向依靠消费、投资、出口相协调拉动转变。从区域间发展来看，随着我国经济进入新常态，区域经济呈现出南北经济增长分化的新趋势，具体表现为经济增速“南快北慢”，经济总量“南升北降”[5]。

据国家统计局数据，2007—2012 年，我国南北方的 GDP 增速基本保持一致，北方的 GDP 增速甚至略快于南方。然而自 2013 年开始，这个局面被打破，南北方的 GDP 增速差距在 2013—2018 年不断被拉大。2013 年南北 GDP 增速差距只有不到 0.45%，至 2018 年时已经扩大到 2%左右。内需方面，2013—2016 年南方资本形成总额年均增长 9.4%，增速比北方快 3.2 个百分点；消费方面，2014—2017 年南方居民人均可支配收入年均名义增长 9.3%，增速比北方快 0.7 个百分点。南北经济发展差距不断扩大，究其根本，主要是由于北方经济结构不合理，传统工业占比较高、第三产业发展缓慢，创新发展、产业转型落后，新的增长点培育过程缓慢。经济要协调发展，首先就要处理好区域间的协调问题，在大力推动南方经济发展的同时，也要考虑北方经济发展的动能问题。北方地区具有扎实的工业基础以及完整的产业门类，国家只要不断向其注入改革活力，激发各类市场主体动能，形成区域经济协调、可持续发展的内在机制，就能缩小北方与南方的差距。这样我国就能实现南北方“比翼双飞”，区域经济发展更加协调，最终实现经济高质量发展。

5. 经济发展的红利

分析当前我国经济发展的红利，主要是分析人口红利和制度红利。分析后可知，二者具体表现为人口红利式微和制度红利低，其特点是：人口红利开始消失，随着人口老龄化加速，新增劳动年龄人口出现了负增长；制度保障开始发力但仍有不足，竞争能力较强。

从人口红利来看，改革开放 40 多年来我国凭借庞大的劳动力的比较优势，在对外贸易增长进程中依靠人口红利驱动形成了相对粗放的经济发展模式。同时基于我国城乡二元结构，我国农村长期存在大量剩余劳动力。但随着城镇化进程加速，大量劳动力向非生产性部门进行转移，造成工业部门劳动力边际劳动生产率上升、城市劳动生产率下降，两者在相交状态下，推动城乡一体化[6]。在此情况下，劳动力市场的工资率不断上升，劳动力数量增长速度变缓，剩余劳动力由无限供给转为有限供给，我国人口红利逐渐表现出式微的趋势。下面从我国劳动年龄人口以及人口抚养比（总人口中非劳动年龄人口数量与劳动年龄人口数量的比值）两个数值的变化趋势对我国人口红利进行分析。由图 2-9 可知，近 10 年来，我国劳动年龄人口数量呈现出稳步下滑趋势，劳动人口数量增长幅度逐渐减缓甚至出现负增长，与此同时抚养比系数呈现出上升趋势。在 2010 年以后中国适龄劳动人口比重开始下降，人口红利对 GDP 的贡献率逐渐下滑，中国人口红利正在消失，“刘易斯拐点”开始出现。2014 年年末，中国 15~64 岁适龄劳动人口总数为 100 469 万人，比 2013 年年末减少了 113 万人；劳动人口总数占总人口的 73.4%，比 2013 年年末降低了 0.5 个百分点。这是相当长一段时期以来，中国适龄劳动人口绝对数量首次出现下降。与此同时，中国老年人口占比继续攀升，2014 年，65 岁及以上人口为 13 755万人，占总人口的 10.1%。到了 2018 年，65 岁及以上人口数达到了 16 658万人，占总人口数的 11.9%。2014—2018 年 65 岁及以上人口增加了 2 903万人，增长了 1.8 个百分点。这表明我国正面临人口红利消失和不可逆的老龄化趋势。人口红利为我国带来经济快速增长的同时，也使经济发展长期受困于粗放式发展模式，低廉的劳动力成本让企业一直呈现高耗能、高污染、低核心竞争力的状况，这抑制了我国产业结构升级优化。与此同时，我国人口结构的快速转变与人均收入水平之间的缺口，使我国经济社会“未富先老”现象日趋明显。面对当前人口红利式微以及经济社会“未富先老”的现实状况，我国在新常态发展进程中，应积极探究有效解决途径，以促进经济持续健康发展。

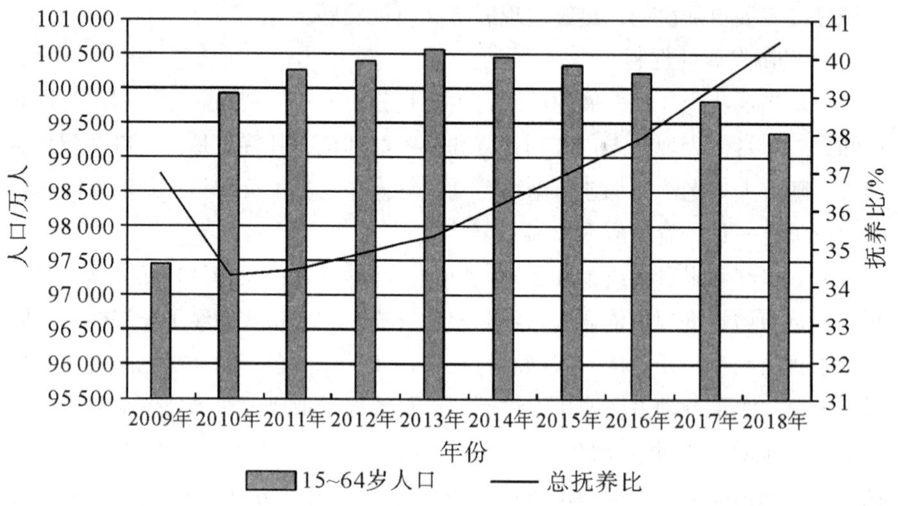

图 2-9　2009—2018 年我国适龄劳动人口及抚养比变动趋势

从制度红利来看，制度创新一直被认为是经济持续增长的根本源泉，一项有利于创新的制度安排，将会推动社会进步和制度创新，进而降低劳动生产过程中的交易成本[7]。近年来，国内外学者也从不同角度进行了大量现实研究，证实了制度红利的重要性以及制度红利对经济发展的促进作用。党的十八届三中全会以来，通过全面深化改革国家治理体系和落实现代化治理理念，国家释放出了巨大的制度红利，体现为：政府转变职能，市场发挥资源配置决定作用，社会活力不断被激发，劳动、知识、技术、管理、资本的发展成果惠及全体人民。户籍制度方面，改革打破了城乡分割，农村居民进入城市，户籍管理制度实行城乡统一；人口转移力度不断加大，公共服务更加均等化；人力、劳动力资源得到合理调配，人口有序流动，工资快速上涨压力得到缓解，劳动力资源配置更有效率。生育政策方面，2015 年以来我国坚持计划生育的基本国策，完善人口发展战略，全面实施二孩政策积极应对人口老龄化。在人口结构加速改变、人口红利出现拐点的背景下，我国不断探究新的生育方案，落实二孩政策，提高生育率，释放人口红利。社会保障制度方面，为应对人口老龄化挑战，我国建立了多层次养老保险制度，扩大医疗保险覆盖范围，缩小城乡医疗差距，建立城乡一体化的医疗保险体系；确保社会保障基金安全和保值增值；社会救助体系不断完善，进一步保障了困难群众的生活；社会保障服务管理水平得到提高。近年来，我国通过改革不断提升制度质量，获取制度红利，也为创造第二次人口红利提供了制度保障，促进了经济进一步增长。

6. 经济发展的生态影响

“既要金山银山，又要绿水青山”是我国对经济高质量发展和生态保护的深刻要求，也是实现中国经济转型和可持续发展、建设现代化生态文明社会的必然选择。但是发展经济必然会对生态环境造成影响，如何解决经济发展和生态保护之间的矛盾也成了当今中国必须面对的时代命题。分析清楚当前经济发展和生态的现实状况，也就为解决这个矛盾提供了先决条件。

从生态保护和建成区绿化覆盖率来看，2017 年，我国湿地面积达 5 360. 26 万公顷，湿地面积占辖区面积比重达 5. 58%，其中自然湿地面积为 4 667. 47 万公顷，人工湿地面积为 674. 59 万公顷；全国自然保护区个数达 2 750 个，自然保护区面积达 14 716. 7 万公顷，保护区面积占辖区面积比重为 14. 0%；建成区绿化覆盖方面，据中国统计年鉴数据，我国城市绿地面积从 2006 年的 132. 12 万公顷增长至 292. 13 万公顷，增长了 121. 1 个百分点；城市建成区绿化覆盖率由 2006 年的 35. 1%提高到 2017 年的 40. 9%，增长了近 6 个百分点。这表明，我国经济在又快又好发展的同时，生态环境也持续受到重视。

从工业排放和污染治理来看，工业排放方面，2017 年我国废水排放总量为 699 亿吨；2017 年我国废气排放总量为 2 930. 49 万吨，其中二氧化硫 875. 4 万吨、氮氧化物 1 258. 83 万吨、烟（粉）尘 796. 26 万吨；固体废弃物产生总量 338 528. 89 万吨，其中一般工业固体废物产生量 331 592 万吨、危险废物产生量 6 936. 89 万吨。这表明我国污染治理力度不断加大，治理成效开始显著。

从单位产出能耗比来看，2009—2017 年我国单位产出能耗比总体呈现出不断下降的趋势，按可比价格计算，2009 年为 1. 16，2017 年则降低到 0. 57，

9年间的降幅超过一倍（见表2-8）。这表明我国破解能源资源和生态环境瓶颈的工作成绩初显，经济发展方式发生转变，能源转化利用效率得到不断提升，能源消费改革持续推进。2017年，全国单位GDP能耗降低了3.7%，超额完成了降低3.4%以上的年度目标；能源消费总量44.9亿吨，也完成了控制在45亿吨标准煤以内的年度目标。2018年前三季度，全国单位GDP能耗同比下降3.1%，能耗总量同比增长约3.4%，能耗“双控”工作稳步推进。

表2-8　2009—2017年我国经济发展对生态的影响状况

年份	建成区绿化覆盖率/%	单位产出能耗比/（吨标准煤/万元）
2009	38.2	1.16
2010	38.6	0.88
2011	39.2	0.86
2012	39.6	0.83
2013	39.7	0.79
2014	40.2	0.76
2015	20.1	0.63
2016	40.3	0.60
2017	40.9	0.57

第二节　四川省新型城镇化与经济发展现状

一、四川省新型城镇化现状分析

在我国新型城镇化加速推进的过程中，四川省作为其中重要一环，也正处于现代工业化和新型城镇化“双加速”的紧要时期[8]。四川省新型城镇化起步较晚，但近年来，四川省经济社会发展迅速，为城镇化的推进创造了诸多有利条件。四川省城镇用地飞速扩张，城镇化水平在一段时期内迅速提高并达到较高水平。但与全国城镇化水平相比，四川城镇化发展还比较落后，2018年全国城镇化率已经达到59.6%，而同年四川省的城镇化率仅为52.29%，两者差距达到了7.31%。这表明四川省新型城镇化发展还有很长一段路要走，在此过程中仍有很多亟待解决的问题。

另外，城镇化是个极其复杂的过程，与多个经济社会发展过程紧密相连，涉及诸多领域，如经济学、人口学、地理学、社会学等[9]，要探究四川新型城镇化进程的现状就要利用多方面手段。当前针对四川新型城镇化现状的研究，国内学者大多从城镇功能、经济发展、产业基础和产业结构演进、工业化模式、政策体制变革、劳动力转移等多个维度入手，着眼于四川具体实际来研究；与此同时，四川的新型城镇化不同于全国新型城镇化，四川地处我国西南部，作为人口大省、经济大省，具有自己独特的区域特征，应该根据区域特点对其进行分析。据此，下文将依据以往学者建立的新型城镇化水平评价指标体系，从经济、人口、社会、空间 4 个方面对当前四川新型城镇化发展水平的现实状况进行描述和分析[10]。

1. 四川经济城镇化

本书对四川经济城镇化的分析主要从四川省人均地区生产总值水平、第三产业产值比重入手。据图 2-10 可知，四川省 2009—2018 年人均地区生产总值走势平稳、逐年上升，2009 年为 17 339 元，到了 2018 年人均地区生产总值达到了 48 883 元，9 年间增长了 182%。同时，2018 年四川省地区生产总值达到 40 678.1 亿元，按可比价格核算，比上年增长了 8.0%。这表明四川省经济城镇化自 2009 年以来有着较好的发展，总体经济实力迈上了新的台阶，经济结构瓶颈实现突破，脱贫攻坚工作取得较好的成效，治蜀兴川新局面已经初显。经济发展作为城镇化发展的原动力，是城镇化发展的重要支撑。同时，当前四川省城镇化的稳步发展也对经济发展起到了巨大的拉动作用，经济发展和城镇化发展相辅相成、相互作用。总体来说，2009—2018 年四川省地区生产总值和人均地区生产总值增长速度比较稳定；但以全国同期水平来看，四川省的经济发展仍处在中上游，作为全国辐射和服务西部的重要增长极，四川经济城镇化发展还需要加速推进。

第三产业产值方面，四川省 2009—2018 年第三产业产值占比整体呈现上升的趋势。具体来看，2009 年第三产业产值占比为 41.4%，2009—2011 年出现占比下降的现象，2011 年占比下降至 38.2%。这是由于 2011 年以前，四川省三次产业结构对于全省的工业和经济发展的支撑力不足，其第一、二产业仍然是经济发展的重心，第三产业发展受阻，与全国第三产业所占比重的差距也较为明显。2011—2015 年，四川第三产业产值占比则呈现“止减稳增”趋势，由 2011 年的 38.2%逐年稳步上升到 2015 年的 43.7%。这表明，2011 年以后四川省对三次产业结构做出了调整，扭转了 2011 年前近十年第三产业占地区生产总值比重下降的态势。随着经济发展和城镇化，四川省资本和劳动力逐步由第一、二产业向第二、三产业转移。这也符合经济发展长期变动规律，可以进一步提升经济运行质量和增强经济总体实力。2015—2018 年四川省第三产业产值占比增速开始加快，2018 年首次超过 50%，达到了 51.4%，4 年年均增长了 1.93 个百分点。这表明四川产业结构升级优化取得了较好成效，三次产业结构已经调整为“三、二、一”，第一、二产业占比逐年降低，大量农村劳动力和低效劳动力被释放出来，促进人口向城市聚集，推动了城镇化的发展，进而带动第三产业的发展，使得越来越多的人从事第三产业。当前四川省第三产业发展水平也符合城镇化发展水平。全国第三产业对 GDP 的贡献率已经接近 60%，四川的第三产业发展还需要继续努力，不断升级优化第三产业内部产业结构，加大服务、创新、新兴产业发展力度，从而缩小四川省第三产业发展水平与全国的差距，进而推动四川省经济城镇化。

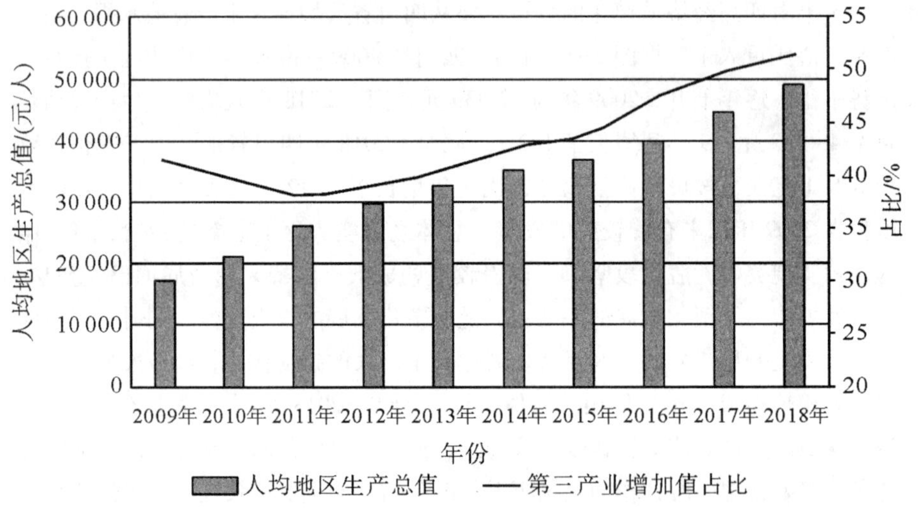

图 2-10　2009—2018 年四川省人均地区生产总值及第三产业产值占比走势

2. 四川人口城镇化

四川人口城镇化的发展水平可用当前四川省城镇居民人数占总人口比重，即人口城镇化率来表示。据图 2-11 可知，四川 2000—2018 年城镇化率呈现逐年上升的趋势。2000 年时，四川省的年末常住人口总量达 8 234.8 万人，但城镇化率仅为 26.7%。2000—2010 年，四川省年末常住人口发生较大变化，曾多次达到峰值，在 2010 年跌入“谷底”，年末常住人口数锐减为 8 041.8 万人。四川统计局数据分析表明，这主要是到外省打工的四川籍劳务人员增加导致的。但同期四川省城镇化率上升趋势不变，2010 年年末四川城镇化率为

40.2%，与 2000 年相比增加了 13.5 个百分点，年均增长了 1.35 个百分点。2010—2018 年，四川省年末常住人口开始迅速增长，至 2018 年年末达到历史新高点，年末常住人口数达 8 302 万人，较 2010 年同期增长了近 300 万人。与此同时，四川省城镇化率也稳步提高，2018 年年末为 52.29%，较 2010 年同期增加了 12.09 个百分点，年均增长了 1.34 个百分点。这表明 2010 年以来，四川省的城镇化率得到了长足的发展，城市更加现代化、公共服务更加完善、创新经济“落地生花”、人居环境显著提高等吸引越来越多的农村居民进入城市，也引来更多邻省或其他省市的技术人才和创新人员到四川生活和发展，进一步推动了四川城镇化发展。

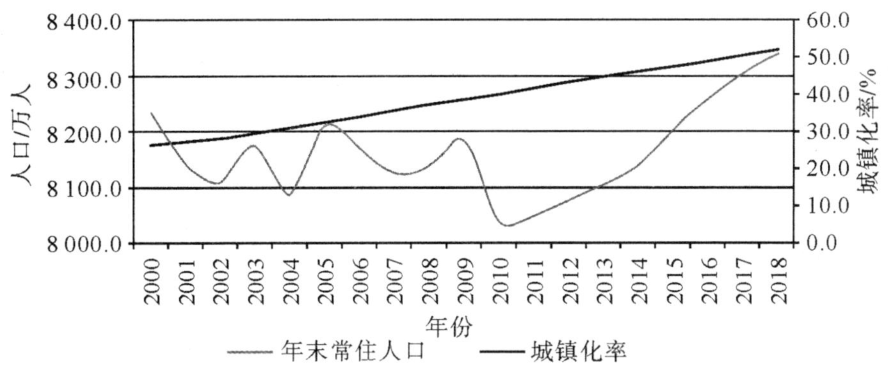

图 2-11　2000—2018 年四川省年末常住人口数及城镇化率变动趋势

将四川 2002—2018 年的城镇化率与同期全国的城镇化率进行比较可以看出（见表 2-9），两者城镇化进程有着明显的差异，四川城镇化率一直落后于全国城镇化率。具体来看，2002 年，四川城镇化率和全国城镇化率分别为 28.2%、39.1%，差幅达到了惊人的 10.9%；到了 2018 年，四川城镇化率和中国城镇化率分别为 52.29%、59.6%，17 年间两者差幅逐渐缩小到 7.31%。这表明四川城镇化率增长速度相对中国城镇化率增长速度来说要更快一些，四川城镇化水平和质量稳步提高，但仍然落后于全国的平均水平，城镇化发展水平在全国各个省级行政区中的排名也相对靠后。其原因是四川作为西南部人口大省，其城镇化发展主要集中于成都，以及周边省域副中心城市自贡、绵阳、德阳等，这些城市的人口集聚度较高，城镇人口基数大、非农人口所占比重高[11]。但四川省地域广袤，其中甘阿凉地区、川东北地区多为山区或高原区，自然条件不佳，经济发展原动力不足[12]，因此城镇化发展远不及成都平原。这就造成四川省城镇化的区域差距较大，四川省城镇化平均水平较低。

表 2-9　2002—2018 年四川城镇化率和中国城镇化率　　单位：%

年份	四川城镇化率	中国城镇化率
2002	28.20	39.10
2003	30.10	40.50
2004	31.10	41.80
2005	33.00	43.00
2006	34.30	44.30
2007	35.60	45.90
2008	37.40	47.00
2009	38.70	48.30
2010	40.20	49.90
2011	41.80	51.30
2012	43.50	52.60
2013	44.90	53.70
2014	46.30	54.80
2015	47.70	56.10
2016	49.20	57.30
2017	50.80	58.50
2018	52.29	59.60

3. 四川社会城镇化

四川社会城镇化主要是通过全省城镇基础设施建设水平来体现的。用水用气普及率方面，2010—2018 年城市用水普及率和燃气普及率均有了较大的提高。2010 年，四川城市用水普及率和燃气普及率分别为 90.8%、84.39%；到了 2018 年，两项指标分别增长了 4.9%、9.31%，城市用水用气的基础设施条件得到了很大的改善。公共交通方面，随着城镇化的不断推进，越来越多的农村居民受到城镇生活的吸引，纷纷涌入城市，这给公共交通出行造成不小的压力。据表 2-10 可知，2013 年时四川省公共交通发展水平较高；近几年来，这一优势不再。城镇化带来更多的人口转移使得城镇常住人口增多，现有的公共交通不能满足当前的需要，如 2018 年四川省城镇每万人拥有公共交通车辆仅为 13.18 标台，这与前几年的公共交通发展水平有一定差距，也与全国 2018

年城镇每万人拥有公共交通车辆近 15 标台的水平有一段距离。公共交通作为城镇居民出行的重要方式，其发展水平直接影响城镇化发展成效。城市道路建设和绿地方面，四川人均城市道路面积和人均公园绿地面积两项指标在 2010—2018 年有较大的提高。2018 年四川省人均城市道路面积为 14.63 平方米，人均公园绿地面积为 12.97 平方米。这表明在城镇化进程下经济社会迅速发展的同时，城市建设更加注重人居环境，“以人为本”的理念已经根植于城镇发展的内涵中，人们对生存空间的较高要求也推动了城镇化健康发展。从以上三个方面来说，现阶段，四川省用水用气普及率、人均城市道路面积和人均公园绿地面积、公共交通拥有量均低于全国平均水平。这些指标作为衡量四川社会城镇化水平的重要指标，其情况表明，四川在今后的新型城镇化进程中，基础设施建设还需要进一步加强和完善。

表 2-10　2010—2018 年四川省城市基础设施建设水平

指标	2010 年	2011 年	2012 年	2013 年	2014 年	2015 年	2016 年	2017 年	2018 年
城市用水普及率/%	90.8	91.83	92.04	91.76	91.12	93.05	93.07	94.91	95.7
城市燃气普及率/%	84.39	87.09	87.96	89.68	90.89	92.46	91.78	91.22	93.7
每万人拥有公共交通车辆/标台	9.65	12.6	13.34	14.59	14.22	13.52	12.9	14.46	13.18
人均城市道路面积/平方米	11.84	12.14	12.72	13.24	13.32	13.63	13.73	13.72	14.63
人均公园绿地面积/（平方米/人）	10.19	10.73	10.79	11.21	11.26	11.96	12.47	12.48	12.97
每万人拥有公共厕所/座	2.93	2.82	2.89	2.9	2.17	2.14	2.18	2.38	2.36

注：人均指标和普及率指标按城区人口与暂住人口之和计算，以公安部门的户籍统计和暂住人口统计为准。

数据来源：国家统计局资料。

4. 四川空间城镇化

城镇建成区面积通常可以用来体现空间城镇化的发展水平。据图 2-12 可知，2009—2018 年四川的建成区面积呈现稳步上升的态势。2009 年的城镇建成区面积为 1 510 平方千米；到了 2018 年，建成区面积则扩大到了 2 982 平方千米。10 年间城镇建成区面积增加了接近一倍，说明这些年来，四川的空间城镇化一直保持着较快的发展速度，这也是因为四川拥有独特的地理优势和战略地位。西南城市群的构建受到国家的大力支持，经济社会取得了飞速发展，城镇用地迅速扩张，使得四川空间城镇化水平达到了前所未有的高度。四川空间城镇化与人口城镇化发展进程是同步的，但总体来看空间城镇化要快于人口城镇化。其中较为明显的是成都市、攀枝花市，其空间城镇化发展放在全省来看都处在较高水平；但成都市和攀枝花市 2017 年的人口城镇化率分别为 71.85%、65.99%，与沿海及其他一些省会城市仍有较大差距。这主要因为各地区更倾向于城市的大建设大发展，对城镇居民的就业、居住、医疗、户籍等基础制度建设不够重视，大量农村居民进入城市后面临各种城市生存问题。空间城镇化过快发展也引发各种“城市病”，导致很多人最终选择离开所在的城镇，从而阻碍了人口城镇化的发展，城镇化整体水平也得不到高质量的发展。

另外，四川省在省域空间上也形成了“圈层+轴线”的城镇分布格局。其圈层是指以成都平原城市群为核心，川东城市群、攀西城市群、川南城市群为外围结构的环状城镇布局；轴线结构则是指按照整体城镇化水平进行划分，沿成都至绵阳向东北方向，城镇化水平依次递减；沿成都至乐山向西南方向，城镇化水平依次递减，形成一条分东北和西南方向走势明显的梯度轴。由此表明，四川省城镇化水平总体偏低，区域差距较大，城镇化发展分布不均衡。按照新型城镇化的要求，各区域间应该协调、健康、可持续发展，四川省要优化城镇空间布局，构建以成都平原城市群为核心、三大城市群为增长极、大中小城市和小城镇协调发展的“一轴三带、四群一区”的新型城镇化格局[13]。

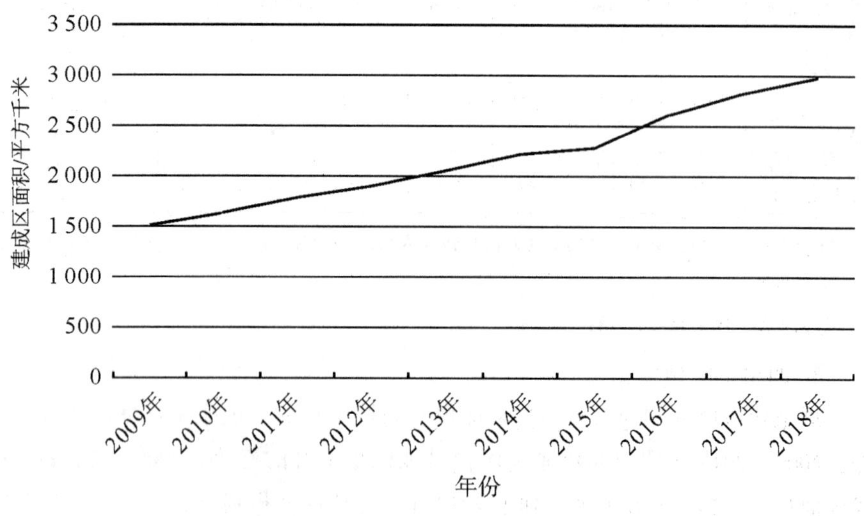

图 2-12　四川省 2009—2018 年城镇建成区面积走势

二、四川省经济发展现状分析

1. 经济发展的规模与速度（见图 2-13）

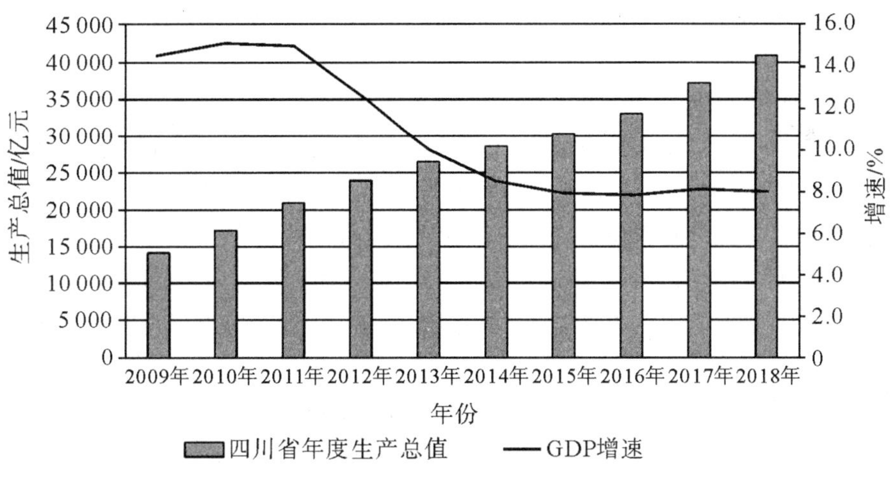

图 2-13　2009—2018 年四川省经济发展规模与速度

四川作为人口总量达 9 000 万人（居全国第 3 位、西部第 1 位）、多民族集聚、省域面积广袤的经济大省，其经济增长的现实状况能够反映出四川经济社会的发展水平。从地区生产总值来看，2009 年，四川地区生产总值为 14 151.28亿元；经过近 10 年的稳步发展，到了 2018 年，地区生产总值达到了 40 678.13 亿元，10 年间增长了 2.87 倍，这说明 10 年间四川经济社会发生了翻天覆地的变化。2018 年，在全国 31 个省级行政区（不含港澳台地区，下同）经济总量排名中，四川位居第六，其名义增量达到了 3 697.88 亿元。四川凭借近年来国家对中西部开发的大力支持，用好改革关键一招，不断增强经济高质量发展的动力、活力，在保持经济持续中高速增长下逐渐实现对其他一些省（区、市）的超越。由图 2-13 可以看出，四川 2009—2018 年的地区生产总值增速整体呈现出“倒 S”形，其 2009 年的增长速度为 14.5%，至 2010 年有所上升，达到了最高点 15.1%，但是随后几年一直在下降并逐渐保持在一个较为稳定的水平之上；在 2016 年增速降至最低，即 7.8%；2018 年又回升到 8.0%左右，这一水平在全国经济总量排名前十的省份中，仅落后于福建省实际增速 0.3 个百分点。分析可知，导致这种现象的主要原因是：其一，2008 年地震对四川经济社会发展造成严重影响，各省市对川积极援建，灾后重建工作对物资和基础设施建设有很大需求，拉动需求的背后就带来灾后两年间四川经济增速的加快。2011 年后，灾后重建工作逐渐完成，四川经济增速持续上升态势开始停滞。其二，2011 年以后，国家开始转型经济发展模式，由以往的重速度发展转变为重质量发展，四川也开始强调经济增长应该由高速转为中高速。这也符合经济发展到一定水平后的规律，调整经济发展结构、稳定经济增长态势成为新常态下经济发展的主题。

2. 经济发展的结构

在国际产业结构调整的背景下，四川三次产业内部也发生了转移，从当前三次产业结构内部的发展状况可分析四川的经济发展结构的变化。据图 2-14 可知，四川第一产业增加值占比自 2009 年起逐年下降到 10%左右；2015 年以前，第二产业增加值占比一直领先于第三产业增加值占比，这一现象在近几年开始发生改变，第三产业增加值占比超越第二产业增加值占比并逐渐扩大领先优势。

具体来看，四川 2009 年第一产业增加值为 2 240. 61 亿元，2018 年第一产业增加值为 4 426. 66 亿元，2018 年是 2009 年的 1. 98 倍。2009 年，四川第一产业增加值占比为 15. 83%，到了 2018 年，其比重下降到 10. 88%，为第一产业占比历史最低值。也就是说 2009—2018 年四川第一产业增加值占比发生了较大变化，第一产业在四川经济社会发展中的作用逐渐被弱化，四川减少了对传统农业推动经济发展的依赖，加大力度积极培育新动能，以此推动四川经济向高质量发展转变。

四川第二产业增加值在 2009 年为 6 711. 87 亿元，2018 年为 15 322. 72 亿元，2018 年是 2009 年的 2. 28 倍。2009—2018 年，四川第二产业增加值占比先是呈现出上升趋势，并在 2011 年达到最高值，即 52. 45%；在随后几年时间里虽有所下滑但一直保持较高水平。这是因为在这段时期里，四川作为西部地区重要的产业转移承接地，吸引大量跨国企业迅速转移过来，引发集聚效应，从而形成了规模优势。依据 2016 年美国《财富》杂志的数据，在驻川的 300 多家世界 500 强企业中，有超过 78%的企业的主营业务为生产和销售，这就使得四川逐渐成为制造业中心、工业中心，从而使第二产业得到了较快发展[14]。但最近几年，第二产业的领先优势已被第三产业所取代，此前得到发展的第二产业极大地拉动了以流通部门为主的第三产业的发展[15]。从另一方面来讲，四川的产业结构在一定程度上得到了优化。

四川的第三产业增加值在 2009—2018 年逐年增长。2009 年，四川第三产业增加值为 5 198. 8 亿元，到了 2018 年则增加到了 20 928. 75 亿元，10 年间增加了 4. 03 倍。四川第三产业增加值占比在 2009—2011 年呈现出略微下滑的趋势，2011年降至10年间最低值，即33.36%，与第二产业同期比重差距接近20个百分点。2011年后四川第三产业增加值占比开始逐年上升，2014年起增速加快，2018年首次超过50%，达到了51.45%，超越第二产业占比接近15个百分点。总体来说，四川的产业结构正趋于合理，但第三产业发展仍不理想，其增加值占比不仅落后于全国同期平均水平，还远远落后于其他发达国家第三产业增加值占比65%的水平，这与四川自身产业构成有关。四川过度招商而忽略了本地企业和产业的发展，外来的企业在川内转型升级面临瓶颈，从而限制了当前第三产业的发展。

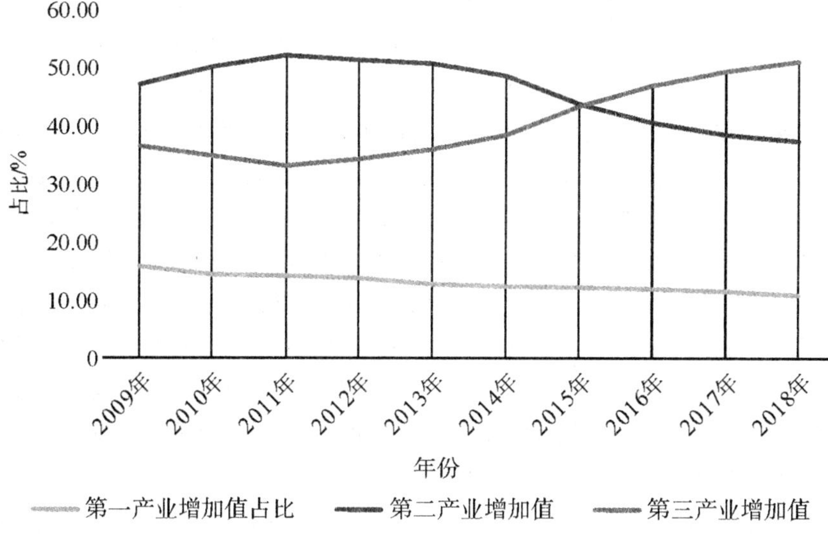

图2-14　2009—2018年四川三次产业结构占比变动趋势

3. 经济发展的福利

经济发展的福利是指经济社会不断进步，创造出更丰富的物质资源以满足人民群众对美好生活的向往；同时也意味着经济发展不能一味地追求数量的增长，应该重视经济发展的质量，将经济发展的成果向人民群众分配，使其成为真正的价值创造者和价值受用者。下文将以四川省医疗卫生机构床位数、城乡居民人均可支配收入比、恩格尔系数体现当前四川经济发展的福利。

据图2-15可知，2009—2018年，四川省医疗卫生机构床位数呈逐年增加的趋势。其中，2009年四川的医疗卫生机构床位数为27.51万张，到了2018年，四川的医疗卫生机构床位数则上升到59.89万张，2018年是2009年的2.18倍，10年间增加了32.38万张，年均增加3.238万张。这说明四川的医疗卫生水平这些年来有了很大的提高，医疗服务越来越得到重视。自2009年四川启动新的医疗卫生改革以来，医疗服务的普及性明显增强，广大农村和偏远地区医疗条件差、设施不足、能力薄弱的状态持续得到改善。医疗服务水平的提升也从侧面反映了人民群众生活水平的提高，四川的社会福利事业正加速发展，其经济发展释放的社会福利也将惠及更多人民群众。

城乡居民人均可支配收入比可以反映一段时间以来，四川经济发展对城镇居民和农村居民收入之间差距的影响。由图 2-15 可知，2009—2018 年，四川的城乡收入差距呈逐年下降的趋势，城镇居民与农村居民收入间的差距正在逐渐缩小。具体来看，2009 年四川城镇居民可支配收入为 13 904 元，农村居民可支配收入仅为 4 462 元，两者比值达到了 3.12。到了 2018 年，四川城镇居民可支配收入为 33 215.91 元，农村居民可支配收入为 13 331.38 元，两者比值已经减小到 2.49，10 年间比值下降了 0.63，年均下降了 0.063。这说明过去十年四川在经济快速发展的同时也更加注重城乡统筹发展，对经济发展成果进行了更公平和均衡的分配，资源交换逐渐频繁，在大力推动城镇化建设的同时，也积极培育乡村振兴的新动能，从而使城乡、贫富之间的差距没有同其他一些地区一样呈现扩大的趋势。但我们也要看到，尽管四川城乡差距在逐年缩小，但以当前的情况来看，四川城镇化水平仍然较低，还有大量的农村剩余劳动力没有得到发展；在一些欠发达地区，由于地区自身发展优势不足和经济发展的“门槛效应”，农村居民的生活水平还没有得到明显的改善，收入情况也不容乐观。四川的城乡协调还需要做出更多努力，消除协调发展的壁垒，以此拉近城乡之间的距离，使更多的人享受到经济发展的成果。

恩格尔系数作为测度区域内人民生活水平状况的重要指标，是指居民食品支出总额占个人消费支出总额的比重。其值越高，表明该地区生活水平越低；反之，其值越低，表明该地区生活水平越高，人民生活更幸福。据四川省统计数据，2011 年，四川城镇居民恩格尔系数为 40.7%，较全国同期平均水平高 4.4 个百分点。对全国 31 个省（区、市）恩格尔系数由低到高排序，四川居全国第 28 位、西部第 11 位。这是因为长期以来，四川对食品消费的需求远高于中西部地区其他省份，2011 年食品消费绝对额居全国第 8 位。到了 2017 年，四川城镇居民恩格尔系数则下降到了 33.3%，7 年间下降了 7.4 个百分点；农村居民恩格尔系数也有了显著下降，2017 年仅为 37.2%。这表明近年来四川消费结构正进一步升级优化，发展消费和享用消费支出占比不断提高，用于生活必需品的消费支出占比不断降低，人民的物质生活水平得到了较大的提高。经济社会转向高质量发展，正不断为四川人民带来更多福利。

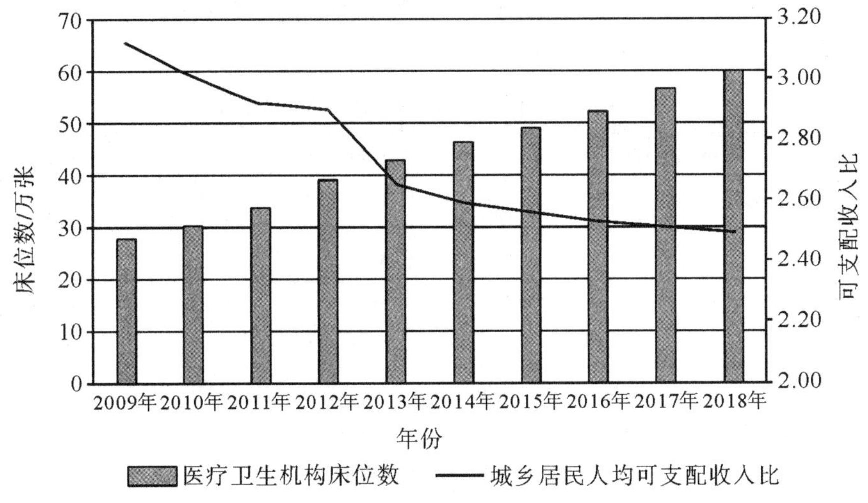

图 2-15　2009—2018 年四川省医疗卫生机构床位数与城乡居民人均可支配收入比

4. 经济发展的生态保护

以往的经济发展为了取得更好的经济发展成效，总是以牺牲生态环境为代价的。生态文明、绿色低碳作为经济高质量发展的核心一环，要求四川在经济社会发展进程中把生态环境放在重要位置。

据表 2-11 可知，2011—2018 年以来四川省生态环境各项指标呈现出向好的态势。其中城镇建成区绿化覆盖率整体稳步提升，由 2011 年的 38.2%发展到 2018 年的 40.5%，但增长速度仍较为缓慢。这也从侧面反映出四川省对城镇绿化建设的基础动能不足、投资力度不够。生活垃圾处理方面，四川垃圾无害化处理能力自 2011 年以来有较大提升，以往的填埋、焚烧等有害处理方式逐渐被处理厂的无害化技术取代，这使生活垃圾无害化处理率稳步提升，由 2011 年的 88.4%逐年增加到 2018 年的 99.3%，无害化处理全覆盖指日可待。废气排放方面，2017 年四川二氧化硫、氮氧化物、烟（粉）尘三大废气排放总量较 2011 年同期大幅降低。其中，二氧化硫排放量为 2011 年的五分之二左右，氮氧化物排放量为 2011 年的三分之二左右，烟（粉）尘排放量为 2011 年的五分之三左右。2018 年全省空气质量优良天数率达到了 84.8%，同比提高了 2.6 个百分点，这表明近年来四川工业污染治理、扬尘管控重点工作成效显著。但对于大气污染治理，不容掉以轻心，长期以来四川省大气环境质量并不稳定、大气环境形势不容乐观，大气污染防治联防联控工作还应该不断深入，只有这样蓝天才会越来越多。工业废水和生活污水排放方面，不断“拔高”

的排放总量指标也暴露出当前四川在废水治理方面还存在诸多亟待解决的问题。

表 2-11　2011—2018 年四川省生态环境状况

年份	建成区绿化覆盖率/%	生活垃圾无害化处理率/%	废气排放总量/吨			废水排放总量/万吨
			二氧化硫排放量	氮氧化物排放量	烟（粉）尘排放量	
2011 年	38.2	88.4	902 006.30	674 853.20	385 902.90	279 851.96
2012 年	38.7	88.3	864 440.44	659 004.69	295 836.11	283 657.06
2013 年	38.4	95.0	816 706.01	624 313.95	296 004.85	307 647.83
2014 年	37.5	95.4	796 401.53	585 438.61	428 629.91	331 276.53
2015 年	38.7	96.8	717 584.45	525 880.33	412 571.66	341 607.41
2016 年	39.9	98.6	488 269.45	450 976.76	272 680.75	352 826.44
2017 年	40.0	98.5	389 142.90	457 598.30	224 003.98	362 437.56
2018 年	40.5	99.3	—	—	—	—

数据来源：国家统计局资料。

工业污染治理方面，近十年四川省投入大量资金用于工业废气污染治理、工业废水和生活污水污染治理、固体废物污染治理、噪声污染治理等。2009—2017 年，四川投资总金额达到了 122.7 亿元，其中 2014 年完成投资额最高，为 232 452 万元，占比 18.9%（见表 2-12）。进入“十三五”时期以来，四川的环境污染治理问题越来越受到重视，一系列切实可行的措施相继被搬上污染治理的“前线”。四川贯彻落实习近平生态文明思想，作为其践行者和贡献者，始终站在生态保护的一线。近年来，四川生态保护工作的成效开始显现，以 2018 年四川大气污染治理成效为例，全省细颗粒物（$PM_{2.5}$）平均浓度为 38.6 微克/立方米，与考核基准年 2015 年相比下降了 18.7%；空气优良天数率同比提高了 2.6 个百分点，达到了 84.8%；全省可吸入颗粒物（PM_{10}）同比下降 7.5 个百分点，平均浓度降至 62.6 微克/立方米，全面完成了“十三五”规划中大气污染治理的目标。面对四川生态环境保护的现状，我们不仅要看到这些年来取得的成绩，也要深刻地理解生态保护和污染防治任务仍然艰巨，要理解加强生态保护和生态建设对四川经济社会发展的重要性，更要清楚大力推动绿色发展才是经济高质量发展的目标和途径。

表 2-12　2009—2017 年四川省工业污染治理投资完成情况

指标	2009 年	2010 年	2011 年	2012 年	2013 年	2014 年	2015 年	2016 年	2017 年
工业污染治理完成投资/万元	96 191	71 627	166 537	110 608	188 392	232 452	118 259	116 049	126 934
治理废水项目完成投资/万元	52 686	37 749	66 136	53 646	29 791	54 168	55 112	30 509	21 085
治理废气项目完成投资/万元	31 900	30 889	84 726	48 615	148 926	164 883	46 884	62 672	87 975
治理固体废物项目完成投资/万元	6 840	1 405	3 656	2 892	1 407	1 689	200	6 862	4 840
治理噪声项目完成投资/万元	202	488	6 150	474	2 216	3 929	10 079	92	555
治理其他项目完成投资/万元	4 564	1 096	5 869	4 980	6 052	7 783	5 985	15 914	12 479

数据来源：国家统计局资料。

三、四川省新型城镇化和经济发展存在的问题

1. 四川省新型城镇化发展存在的问题

（1）城镇化水平与全国平均水平差距明显。

四川省城镇化发展自改革开放以来取得了较大的进步，尤其是在新型城镇化的精神指引下，全省城镇化发展迅速，城镇化率也逐年提高，这表明四川省的城镇化发展已经达到了一定水平。但对比全国及周边一些省（区、市），四川的城镇化发展仍有一段距离需要去追赶。历史及地理环境等因素造就了四川的传统农业大省的地位，四川早期的经济发展主要依靠农业发展和劳动力集聚，但第一产业发展带来的经济效益未能给四川的城镇化发展打下坚实的基础，以至于早期的城镇化发展不足，城镇化率也较低。随着第二产业、第三产业的发展，产业结构不断调整，四川经济也得到了相当大的改善。2008 年地震后在全国的支持下四川加快了城市建设，城镇建成区面积在近年来也不断扩张，但城镇化发展看似迅速，实则“速度快、质量低”，这并不符合新型城镇化的核心内涵。在全国城镇化平均水平下，四川的城镇化发展与其的差距不仅体现在城镇化率较低，更体现在发展质量不高。由沿海省市以及城镇化发展基础深厚的地区而拉高的全国城镇化平均水平，其代表的不仅是城镇化发展态势强劲，还包括在城镇化发展内涵下城市基础设施建设的完备、社会经济的多元化、对城市生态保护的重视、人民的高质量生活以及城市发展的潜能等。看清差距，找准弱势，依据自身的发展优势，四川同样可以走出一条高质量的新型城镇化发展道路。

（2）城镇化、工业化与农业现代化步调不一致。

一个经济体的发展程度可以通过城镇化和工业化的同步水平来加以衡量。工业化和城镇化同步发展，表明经济体达到了发达水平，如欧美发达国家；工业化发展速度长期滞后于城镇化发展速度，则表明经济体处于发展中甚至是较落后的水平；工业化发展快于城镇化发展，大规模工业发展产生的大量劳动力需求却不能带动城镇化发展，导致城镇人口增长缓慢，这就是早期的“中国模式”。四川同样处在城镇化、工业化发展迅速的时期，但也同样面临着城镇化和工业化发展步调不一致的问题，目前已由早期城镇化滞后于工业化转化为工业化滞后于城镇化。根据四川省统计年鉴的数据，2017 年四川省的工业化率为 31.3%，城镇化率为 50.8%，据此可以计算出城镇化率与工业化率的比值为 1.62。根据国际经验，城镇化率与工业化率的合理比值区间为 1.4~2.5，这表明四川的城镇化与工业化发展的关系进入合理区间。四川的工业发展经过多

年的努力已经形成较为完善的工业体系，调整后的三次产业结构也表明四川省进入了工业化的中后期；而四川的城镇化，依据国际经验，仍处于加速发展阶段。二者发展阶段的不一致，产生了城镇化和工业化步调不一致的后果，如城乡二元结构矛盾突出、产业结构升级优化困难重重。

另外，四川城镇化与农业现代化发展步调也不一致，体现为“二元结构”矛盾突出、城乡差距仍然明显。在四川城镇化发展进程中，资源与投资过多倾斜于城镇，基本公共与社会化服务、基础设施建设没能更均衡地、普遍地惠及城镇和农村居民，城乡之间难以形成良性的发展格局，城镇化也就难以带动依赖农业、依赖劳动力生产的农村发展。四川城镇发展还呈现出区域分化的现象，成都平原及川南地区城镇化起步早，城镇基础设施建设较好，社会功能齐全；而川西高原及偏远的川东北地区城镇分散、规模小，基础设施建设也还需要进一步加强。总体来说，四川农业现代化发展与城镇化发展的不一致对四川进行新型城镇化建设有一定的抑制作用。克服这一困难，将现代农业发展、农民生活改善融入城镇化建设当中，会对未来四川的新型城镇化建设起到重要作用。

（3）人口城镇化滞后于土地城镇化

这些年来，四川的土地城镇化一直保持着较快的发展速度。由于四川拥有独特的地理优势和战略地位，西南城市群的构建也受到国家的大力支持，因此四川经济社会取得了飞速发展，城镇用地迅速扩张，使得四川土地城镇化水平达到了前所未有的高度。但城镇化发展并非一味追求城市空间的扩张，大规模的建设用地面积增长也并不代表城镇化水平的提升。城镇化的本质是通过城镇的高质量建设而吸引农村剩余劳动力转入城市生活，成为城镇中能够就业、有社会基础保障、居有定所、享受社会福利和具有高素质的城镇居民，并通过自己的双手逐步由低收入人群转向中等收入人群，使社会财富差距扩张趋势得到缓解。过去全国各地由于对地区生产总值的盲目追求，产生了对城镇化的曲解，将城镇化建立在土地财政之上。为了寻求城市发展和经济建设的出路，地方政府用自身的土地权利，换来外来投资和商业资金注入，由此加速了第二产业的发展。第二产业的发展产生对劳动力的需求而引来大量人口，但以此提升的城镇化注定不能长久，因为土地的有限性决定了土地城镇化是不可持续的。另外，当前四川的人口城镇化并不代表真实的城镇化水平，城镇人口中相当一部分还是农业户籍人口。按照城镇户籍人口城镇化率来看，其数值要远低于当前的人口城镇化率的数值，也就是说农村剩余劳动力虽然进入城市从事非农工作，但这一部分人没有获得城镇户籍，是被城镇化的，说明四川还没有实现农村人口向城市转移的战略目标。

(4）小城镇集聚效应和规模效益优势不足

城镇化发展水平不仅体现为中心城市群、省域内重点城市的发展水平，还体现为中心城市及重点城市周边小城镇的发展水平。近年来小城镇建设和发展与城镇化建设同样受到高度关注。四川省小城镇以其规模小但密度大的特性成为全省城镇化网络体系的重要成分，也为四川人口城镇化发展提供了源源不竭的动力。以成都平原及周边丘陵地区为例，这些地方在省域面积中占比不到40%却聚集了全省绝大多数的小城镇。尽管四川小城镇发展迅速，其数量和总体规模也在不断扩张，但真正有经济实力、人口规模大、城镇建设基础良好的小城镇为数不多，且都集中在成都平原地区；其他绝大多数以县域经济为发展核心的小城镇尽管密度大，但人口规模小、经济基础薄弱、城镇建设水平落后。这就是由小城镇集聚效应和规模效益优势不足而导致四川整体城镇化水平不高的问题所在，这已经成为四川省小城镇建设进程中的普遍性问题。小城镇由于城镇建设水平低、缺乏产业支撑，导致发展动能严重不足，也就难以留住人口。由于对劳动力的吸引力较弱，就业市场前景不好，当地就更加难以提升经济发展水平，城镇建设自然陷入恶性循环。另外小城镇建设很难遵循科学规划的理念，大多是采用有需求就开发的模式，土地集约利用水平较低，容易产生土地供需矛盾，不合理的规划布局、粗放式的用地开发、土地的低效利用造成小城镇实际的发展用地稀少。再加上小城镇自身缺乏完备的投融资机制，难以吸纳外来投资，地方财政支持不足，使得小城镇基础设施建设缺乏资金，从而难以提升城镇化水平。

(5）城镇化整体质量还有待提高

城镇化发展水平不仅体现在城镇化率的快速增长、城镇人口的增加和城镇规模的快速扩张，更应该体现在城镇化整体质量的提升。城镇化整体质量的提升可以立足于几个方面：一是更加注重以人为本的城镇化理念；二是经济社会发展稳定；三是城镇规划布局趋于科学合理；四是更加注重生态环境保护，发展可持续的城镇化。就当前而言，四川的城镇基础设施建设整体水平还相对落后，公共和社会化服务还需进一步完善，城镇住房和就业条件还需根据变化的人口城镇化做出进一步调整，城市生态和人居环境也应进一步改善。收入方面，按可比数据，四川省人均可支配收入与全国同期平均水平相比，仍有一定差距。同时由恩格尔系数可以看出，四川省居民消费支出中食品等生活必需品消费占比仍然较高，消费多元化还需进一步加强。环境保护方面，尽管2018年来四川在发展经济的同时不断强调环境的重要性，但部分产业仍然需要以环境为代价来谋求发展，这并不利于城镇化的可持续性。综上可知，四川整体城镇化质量仍需要进一步提升，才能实现真正意义上的城镇化。

2. 四川省经济发展存在的问题

（1）产业结构还需进一步调整，优化升级空间大。

四川省三次产业结构在2009—2018年这10年间经历了较大变化，第三产业逐渐超越第二产业对地区生产总值的贡献率水平，并成为当前四川经济的重要支撑产业。总体上来说，第一产业在四川地区生产总值中的占比逐年降低，至2018年第一产业对经济贡献率占比为10%左右。这表明四川农业内部结构随着经济的发展和城镇化的推进，得到了结构上的改善和优化，但其内部的产业结构仍存在不合理的地方，如农业部门中有大量剩余劳动力集聚，导致农业生产效率不高，缺乏现代化生产技术。尽管2016年以来第三产业对经济的贡献已经超越第二产业，但第二产业对地区的发展做出的贡献仍不可忽视，尤其是2015年以前第二产业一直是四川经济的支撑力量，说明四川一直重视第二产业的发展，这也容易导致产业结构的不协调。第三产业增加值虽然逐年增加，但其相对第一产业、第二产业对经济增长规模和发展质量的作用还不够显著，这与四川产业结构和经济发展的现状也极为吻合。四川省正处在工业发展的中后期，而城镇化建设还处在加速阶段，与城镇基础设施息息相关的第三产业却刚刚处在起步且加速发展的阶段，因此第二产业和第三产业的发展速度难以协调起来，从而对四川经济发展产生深远的影响。因此，在未来需要进一步调整三次产业结构，优化升级三次产业的内部结构，并加强对第三产业的资金、技术支持，从而实现四川三次产业的协调发展。

（2）区域创新能力不足，难以实现经济协调发展。

创新能力已经逐渐成为衡量一个经济体发展质量的重要指标，通过创新驱动培育出的新动能可以推动经济体实现可持续、高效发展，对经济规模增长和质量提升有着正向的促进作用。但四川在创新驱动方面所取得的成效并不显著，这是由于四川的创新科技支出水平不高，科技人员培育力度还有待加强，从而难以形成技术密集型、知识密集型的经济效益。另外，四川各地级市创新能力也呈现出差异化，创新能力强弱分化显著，极为不平衡，对各要素的投入力度也存在差距，这就容易造成区域间创新驱动作用分化、人力资本积累差距扩大，从而拉开省内各地区经济发展水平的差距，这并不利于实现经济的协调发展。四川省内各区域的创新发展需要协调起来，创新发展水平较高的地区应该积极加强与其他区域的信息交流、与各创新主体的科研技术交流，跨区域共同培育各行业的创新领军人才，共同构建高质量的科创平台，从而共同分享科技创新带来的成果，并将成果进一步转化投入经济建设中。区域创新能力不足还有一个重要因素，不健全的基础设施建设使得发展创新驱动困难重重，这也是经济发展出现不协调问题的关键点所在。提高四川各地级市道路、通信等基础设施建设整体水平，将对提升创新能力起到支撑作用。因此，改变四川区域创新能力不足、不平衡的现状，是实现经济协调发展的重要途径。

（3）体制机制壁垒急需破除，持续激发市场活力。

改革开放40多年来，四川在经济体制改革方面同全国各省（区、市）一样取得了较为显著的成效，但在通过市场来进行资源配置并起到决定性作用这一环节，并未将市场的作用充分发挥出来。从市场主体来说，国有企业在川的数量不多且效率不高，这些企业所涉及的行业大多是旅游、物流、基础设施投资等传统行业，并未过多涉及高新技术等行业。另外，在川的民营企业呈现出规模小、投资少、发展效率低、缺乏市场竞争力等问题。从市场环境来说，公平的市场可以为社会带来更多经济福利，在政策调控和市场走向的双重影响下，市场发展需要向竞争更加公平、政策更加普惠、效率更高的方向靠拢，四川在这一方面还需要进一步完善。就四川当前的开放程度而言，对外开放为四川带来的经济活力还没有完全迸发出来，四川与国外的交流也还有待加强，离实现全方位开放格局的形成也还有一段路要走。尽管依靠进出口贸易为四川经济换来了国际交流的机会，但这一机会稍纵即逝，只有增强开放意识，“跳出来，走出去”，才能为四川经济带来新的活力。

参考文献

［1］任啸辰，付凌晖．中国经济：形有波动势仍平稳［J］．宏观经济管理，2019（11）：7-11.

［2］马骏，蒋晓花，陈盼．产业结构转换与经济发展新动力关系的实证分析［J］．工业技术经济，2018（5）：11-18.

［3］张楠．中国宏观经济稳定性研究［J］．合作经济与科技，2018（3）：34-35.

［4］曹前满．论中国经济的充分发展与转型逻辑［J］．华南农业大学学报（社会科学版），2019，18（5）：88-100.

［5］周晓波，陈璋，王继源．中国南北方经济分化的现状、原因与对策：一个需要重视的新趋势［J］．河北经贸大学学报，2019，40（3）：7-15.

［6］金德环，赵海蕾．从人口红利到制度红利：中国经济持续增长的动力转换［J］．河南社会科学，2018，26（4）：99-104.

[7] 吴雪，周晓唯. 人口红利、制度红利与中国经济增长 [J]. 经济体制改革，2017 (3)：11-16.

[8] 张元黎.《四川省新型城镇化规划（2014—2020 年）》的政策研究 [D]. 成都：电子科技大学，2019.

[9] 韩立达，牟雪淞，闫俊娟. 经济增长、产业结构升级对人口城镇化的影响研究：基于四川省数据的分析 [J]. 经济问题探索，2016 (10)：109-116.

[10] 蒲英霞，邓冬梅，赵心怡. 基于 AHP-BN 的四川省新型城镇化水平研究 [J]. 西北师范大学学报（自然科学版），2018，54 (1)：81-87.

[11] 淳阳，潘洪义，吴佳俣. 人口—经济—空间—社会视角下的城镇化时空演变：以四川省为例 [J]. 资源开发与市场，2016，32 (10)：42-47.

[12] 贺玉德. 我国西部地区产业结构演进与经济增长分析：以四川省为例 [J]. 甘肃社会科学，2017 (6)：206-212.

第三章　新型城镇化与经济高质量发展的关系分析

第一节　经济高质量发展的提出

一、经济发展理论

经济发展理论作为现代经济学中的一个重要分支而受到广泛关注。经济发展理论从不同的研究角度出发探析经济发展，揭示不同的发展规律。论及经济发展理论，人们自然会想到源于20世纪四五十年代的发展经济学，其理论基础为“设定经济发展的研究对象为发展中国家，并研究从落后状态发展到现代化状态的时空分布下发展中国家经济的规律性”[1]。另外，“经济发展”不同于“经济增长”，两者的概念有着明确的区别，经济增长更加注重量变，而经济发展包含质的内涵。但在探索经济发展的过程中，不能将两者割裂开来，因为没有经济增长也就谈不上经济发展[2]。

从马克思的经济发展理论来看，其通过对生产力与生产关系之间矛盾运动的分析，尤其是对资本主义生产关系运动的历史和逻辑的分析，不仅揭示了人类社会经济发展进程中的一般性规律，还深刻地揭示了资本主义经济发展的实质和基本规律。马克思在进行经济发展理论研究时，在方法上具有鲜明的特征，他认为人是经济发展的核心、本体以及归宿。人作为经济过程中的生产者和消费者，不仅是西方经济学中假设的、具有理性思考能力的“经济人”，更多地还是拥有特定社会属性以及社会关系的“社会人”。马克思还认为社会的经济发展过程不是静止的、抽象的，而是一个运动的、具有具象性的自然历史过程，一个国家或民族在特定的经济发展阶段将会表现出不同的特征，并且经济发展的过程不会因人们意志的转移而转移，只会受到某些客观规律的支配。

另外，马克思在对经济对象进行描述时，广泛使用了“国家”“阶级”“民族”“世界”等整体性概念，同时将个体性概念描述为“个别资本”“工人”“无产者”“农民”等。其中个体不是孤立的存在，而是整体中的一部分和代表[3]。他分析了资本顺利循环的基本条件：个别资本的循环与运转为社会总资本的运动做准备，并在空间上和时间上存在并存性和相继性。马克思认为经济发展的主体是人，对经济发展的过程而言，则是人与人之间关系、人与自然关系的发展；对经济发展的结果而言，则是社会的物质和精神财富的增长，不表现为收入的增加和经济结构的变化，而是经济发展的最终成果要分配给社会以满足人的需要，实现“人的全面发展”。

从西方经济发展理论来看，其理论基础源于西方经济学理论，以新古典学派的经济学理论为核心，主张对经济发展进行就事论事的表象分析，表现出“超历史观”“个人主义”“形而上学”等。西方发展经济学将经济发展定义为“人均收入的提高和经济结构的改变，体现在：工业作为国民经济的支柱产业，其比重不断上升（农业占比不断降低）；城镇化率得到较大提升，即城市人口所占百分比上升”。这样的定义只是对市场经济国家在特定发展阶段的经济发展现象的一种描述，其既没有揭示经济发展的本质，也不能体现出不同国家及地区经济发展之间的异质性。西方经济发展重视工业化和城市化，将大量的生产资料投入其中，而忽视农业、农村、农民的发展，最终也就不能实现经济可持续发展。进入 21 世纪以来，新一代发展经济学学者不仅将经济发展与经济增长区分开来，在关注 GDP 增速的同时也更加重视经济结构的变化；而且把经济发展质量提到经济增长前面来，认为经济发展到一定程度之后，经济增长将趋于平缓，发展质量为经济发展带来更多标准，促使经济朝高质量方向发展。另外，在西方发展经济学理论中，刘易斯经济发展理论作为其中最重要的研究成果，在劳动力转移问题上向人们揭示了经济发展的动力问题。刘易斯不仅提出二元研究方法和剩余劳动力概念，还分析了劳动力从低生产率部门向高生产率部门，或者由农业部门向非农业部门转移的相关问题。他认为经济发展中存在两个不同的部门，即传统或生存部门与资本部门，也可称之为传统部门与现代部门。对于农业劳动力转移问题，即非农化的过程，他谈到如果正确地加以指导，将使发展中的经济体实现戏剧性的高速经济增长。在使发展中国家落后的诸多因素中，刘易斯抓住劳动力过剩现象，并把这些劳动力向高生产率部门进行转移作为发展中国家经济增长的关键问题，也为今天的经济发展研究奠定了理论基础。他不仅阐明了剩余劳动力转移的路径，也为后来经济发展中结构转变的思考指明了方向[4]。本书在第二章中提及“刘易斯拐点”，属于把刘易斯经济发展理论运用于中国的实例。大量剩余劳动力向非农部门转移，农村居民向城市涌入，带来经济的快速变化，这要求我们重新思考经济发展方式。

二、高质量发展理论

在党的第十九次全国代表大会上，习近平总书记首次提出有关经济发展的新表述，即我国经济已经从高速增长阶段转向高质量发展阶段，当前我国面临转变发展方式、优化经济结构、转换增长动力的历史新使命，建设现代化经济体系已被提升到我国发展的战略高度。那什么是高质量发展？在经济学的理论意义上，“高速增长”较容易被人理解，也可以在统计上进行量化和分析，但“高质量发展”则是一个看似简单却又充满丰富内涵的概念[5]。

从经济学基础理论看，质量是指某一物体能够满足人们实际需要的使用价值特性。当前我国已经进入发展的新关口，经济发展质量则是对满足人民日益增长的美好生活需要的使用价值特性的新描述。“质量”本身是一个抽象的概念，一般假定其具有不变的特性，在经济社会中可以用价格来代替，即假定一个较高价格产品的质量要高于较低价格产品的质量，称为“优质优价”，亦可形容为“质-价”平衡。但是，质量要素体现在生产效率或规模效益上时，则会出现工业化生产中普遍存在的“物美价廉”和“优质平价”现象，及不存在完全的“质-价”平衡[6]。究其根本，这一现象是由经济发展过程中商品二重性理论逐渐向一元化方向并轨而造成的，即将商品的使用价值并入商品的交换价值。但研究高质量发展的有关问题，还是要从商品的二重性出发，即认定商品同时具有使用价值和交换价值，经济活动的最终目的也是获得使用价值，以满足人的真实需要。所谓“需要”，是一个不断变化的概念，特别是随着经济社会的发展和进步，“需要”是会不断变化的。当这一概念逐渐推演到高质量时，就赋予了其很强的动态性，在经济学意义上就可表述为：高质量发展是为了更好满足人民日益增长的美好生活需要而具体化的经济发展方式、结构、动力状态。

发展质量是一个具有主观性和客观性的综合性概念，即关于质量的相关性判定取决于相关者之间的关系以及相关者本身对质量的关心程度。如何判定发展质量的高低是一个复杂的问题，从理论上来说，面临三个难点：其一，大多数因素是不可量化的，只能用替代性指标粗略地反映；其二，替代后的指标需要选择计量单位和各数值的权重，这就存在主观性的影响；其三；对于质量的认定因人而异，不同的人持有不同的意见。尽管发展质量难以量化分析，但不意味着高质量的发展水平不能被描述，高质量发展所代表的创新、协调、绿色、开放、共享就可以作为其发展状况和成就的显示性指标。对高质量发展进行量化指标评估时，不同于关注高速增长的总量指标，要关注结构即各个要素及其相互关系。总体来说，高质量发展呈现出多维性特征，要求区域发展方式和路径的多样性，表现为高质量发展阶段的“稳中求进”“人民共享”“绿色环保”。中国不同区域发展形成了各具特色的格局和经济文化，这作为形成各具特色的高质量发展模式和路径的巨大优势，使不同区域有了更大的选择空间；同时，不同区域的经济竞争力也不断形成并发挥出差异化优势，借助这样的特殊优越条件，各区域在发展方向上有很大的战略选择空间，这对实现高质量发展十分有利。

在不同的历史阶段，经济增长和发展随着其动态变化也表现为状态和方式的不同，即在不同阶段具有不同的质态。在21世纪初期，中国经济发展就已经表现出“不平衡、不充分、不协调、不可持续”的突出问题。习近平总书记在党的十九大报告中又进一步指出：当前中国社会主要矛盾已经发生转变，转化为人民日益增长的美好生活需要同不平衡不充分发展之间的矛盾。中国已经成为世界第二大经济体，经济增长落后的局面已经过去，现在摆在中国面前的是经济发展质量的问题，即经济发展与经济结构转化之间具有突出矛盾的问题。从经济理论看，经济结构问题就是产品及其生产过程的使用价值问题，可以理解为供给侧现象。当然，需求侧也存在结构性问题，其暴露出来的问题的实质也是与使用价值相关的现象，即对产品质量更高的要求。进入高质量发展阶段，经济运行的目标和动力机制要转向更加注重产品和经济活动的使用价值及其质量合意性。中国经济进入高质量发展阶段，经济发展的质态已经发生变化，质量的重要性不断被提及。转变经济发展方式、寻求经济高质量发展已经成为新的时代命题。同时遵循经济规律进行科学发展，遵循自然规律坚持可持续发展，遵循社会规律实现包容性发展，是对经济发展规律性认识的理论升华。在这个新的时代命题下，科学把握经济新常态下中国经济发展新特征、新趋势，大力倡导新发展理念已经成为实现中国经济高质量发展的必然途径。

三、经济高质量发展的内涵

党的十九大报告中指出，高质量发展具有生产要素投入少、资源配置效率高、环境资源成本低、经济社会效益好的特性。提升全要素生产率、加快动力机制变革、保障发展的质量效益，就是实现经济高质量发展[7]。

1. 经济高质量发展是更有效率的发展

我国过去以“快”为主的发展阶段，经济发展表现为粗放型的，不计资源消耗、环境成本的增长，致使发展速度较快但效率不高，并且造成了大量的资源浪费[8]113。强调“好”的发展质量的经济高质量发展，则主张投入最少的生产要素，达到最大的产出，其中包括资源、环境、土地、劳动力的最小化投入，达到最大化的收益，即所谓“更有效率”[8]114。因此，要推动经济高质量发展，就要在“更有效率”上多花心思，就要进一步深化供给侧结构性改革，加快经济发展的效率变革；就必须在调整供需结构方面下功夫，推动去产能、去库存、去杠杆、降成本、补短板五大任务的进行，从而形成衔接到位的供给体系；就要大力升级优化当前的经济结构，不断培育经济的新动能，开发新的经济增长点，即发展新业态、新模式、新产业，提高经济发展效率[9]。

2. 经济高质量发展是更均衡的发展

当前，我国区域经济发展差异导致区域间发展差距以及城乡收入差距有逐渐拉大的趋势，尤其是远离沿海地区及大城市的偏远地区，有相当数量的群众还在为摆脱贫困而寻求新的发展机会。在以往经济高速增长的时期，财富大量集中在少部分较发达的地区，贫富差距日益显现；现在经济增速放缓，经济高质量发展的内涵要求我们必须关注资源的分配、发展的公平性，以解决当前发展不平衡不充分问题。所谓“公平”，既是要推进城乡统筹、区域协调发展，不断缩小发展的差距、收入的差距，又要通过政府管控、政策调配使经济发展的福利惠及全体人民，使全体人民共享发展的成果，包括生活基础保障、就业、医疗服务、教育、社会福利等。因此，推动经济高质量发展，就是要着眼于当前经济不平衡不充分发展的突出问题，立足于公平公正的资源分配手段，着力改善经济社会的各方面发展要素，在就业和再就业方面突出政策优势，使得就业不再成为经济发展的难题[10]。城镇居民和农村居民应该享有更均衡的福利待遇，在全国范围内建成覆盖全民、分区域、多层次的社会保障体系，使经济高质量发展释放更多社会红利，更公平地惠及全体人民，最终实现更均衡的发展。

3. 经济高质量发展是更可持续的发展

与经济高速增长阶段不同，经济高质量发展阶段不能再以资源的无限消耗为经济发展的动力。当前我国剩余劳动力的优势不再，面对“人口老龄化”的步步逼近，急需转变发展方式，寻求可持续发展。在经济高速增长过程中，我国长期以来经济发展方式粗放，导致资源约束趋紧、环境污染严重、生态逐步退化等诸多问题，同时使我国面临创新动能不足、机制不完善的问题。高质量发展则要求在经济发展的同时注重保护生态文明，实现经济可持续健康发展。所谓“可持续健康发展”，既是要赶上世界科技革命的“快车”，又要不断挖掘自身的创新动能，以此调整产业结构，解决经济发展带来的对环境的“副作用”[11]。确保经济社会可持续发展，就必须完善宏观调控政策，并加快新旧动能的转换，将绿色发展提到首要位置，以此构建更加符合高质量发展的技术创新体系；必须优先发展教育事业，加快完善教育体系和推进教育现代化，培育一大批高新技术人才和青年才俊，加快从劳动力数量红利向质量优势的转变，以应对“人口老龄化”扩大的趋势；同时要采取有效措施，控制地方政府在经济社会发展过程中遗留的隐性债务风险，排除地方经济高质量发展的隐患；还必须健全金融监管体系，不发生系统性金融风险的底线不容触碰。

总体来说，以更高质量、更有效率、更公平、更可持续为主要内涵的经济高质量发展，是对人类社会发展基本规律、人民立场、生产力与生产关系、人与自然关系以及社会建设的深刻内涵的高度凝练，也是其发展的必然结果。实现经济高质量发展对于全面提升我国实力和竞争力，实现社会主义现代化的奋斗目标，具有十分重要的意义；对于通过提供更优质、更具特色的经济社会化服务，以适应新时代下多层次、多元化的人民日益增长的美好生活需要，也具有十分深远的意义。

第二节　新型城镇化与经济高质量发展的相互关系

一、新型城镇化的深刻内涵促进经济高质量发展

新型城镇化的深刻内涵是指，城镇化发展要以人为核心、城乡统筹、集约高效，还要把生态文明理念注入城镇化进程。经济的高质量发展同样具有相似的内涵。新型城镇化强调发展以人为本的城镇化，经济高质量发展的最终目的也是促进人的全面发展。在新型城镇化的进程中，人作为社会关系的总和，其发展被放在了核心的位置，人口不断向城市集聚、剩余劳动力发生转移、就业率不断提高、收入水平得到大幅提升，人才能全面发展。在这个进程当中，经济发展具有深刻内涵，经济发展不再是以往数量型的粗放式发展，而是转变为结构升级、集约高效、区域协调的内涵式、质量型发展，并且经济的质量会随着这个进程得到大幅提升，最终实现经济高质量发展。新型城镇化更加注重城乡间的协调发展，也就是在大力推进城镇化建设的过程中，切实解决农业、农村、农民问题，支持发展乡村产业，积极推动乡村振兴，从而缩小城乡间差

距、贫富差距。新型城镇化的内涵要求城乡统筹、协调发展，促进城乡要素间平等交换和公共资源均衡分配，最终形成以城助乡、以工促农、城乡一体的新型城乡关系。新型城镇化强调集约高效，也就是城镇化要在经济集约、创新驱动、动力变革下进行。以往粗放型的经济发展主要依靠生产要素的大量投入来扩大生产规模，以实现经济的增长。这种发展方式消耗高、浪费大、成本高昂，发展质量却不能得到有效的提升，经济效益低。高效集约型经济发展则是依靠创新驱动，改变生产方式、改进生产技术，以此提高全要素生产率和利用效率，并通过培育新动能，转换生产成果，从而实现经济资源消耗低、成本小、效益高的高质量发展。新型城镇化进程下，生态文明建设的内涵要求我国在城镇化的同时更加重视可持续健康发展。经济建设总是伴随着环境破坏，新型城镇化则强调在大力发展新经济的同时把绿色发展放在首位，将生态文明理念注入发展过程，着力推进循环发展、低碳发展，节约资源，加强环境保护和生态修复，使经济保持可持续健康发展，促进人与自然和谐共生。新型城镇化建设的高效和可持续将推动经济发展更具有高效性和可持续性，经济也将实现高质量发展。

二、新型城镇化进程促进消费需求推动经济高质量发展

消费作为拉动经济发展的一大动力，也在新型城镇化的进程中迸发出无限的潜能，新型城镇化蕴含着巨大的消费需求。例如，大量农村人口向城镇转移，造成非农业人口数量激增，非农人口会在城镇生活、就业及进行其他社会活动。因为其对生活资源的一些需求无法再通过自给自足来实现，只能借助市场来得到满足，这会使得非农人口的消费需求远远大于农业人口的消费需求。另外，人口的涌入使城镇出现集聚效应，随着经济社会的发展，居民收入水平也会不断得到提升，这将持续扩大居民消费需求，消费的层次也会随着生活水平的提高而大幅提升，进而促进经济向高质量方向发展。凯恩斯曾指出，在现代经济社会中，居民的消费水平及其消费的意愿往往取决于居民的收入水平，当居民收入不断增加，消费的需求也会随之不断增加。城镇化建设本身就会使一个地区的劳动力转移、产业转型，将原本从事农业生产的人口转移到效率更高的商业、轻工业、服务业等行业，当地居民的收入水平自然而然会得到提升，这也必然会促进当地消费需求的增加。其中较为明显的就是大量劳动力进入城镇工作，从事经济效益高的工作，收入增加；中等收入人群规模也会逐渐扩大，该人群的消费需求不是只满足于温饱，而开始追求更高的生活质量，这就增加了对服务的消费需求，促进了服务行业的发展。城镇化的推进过程中，

城镇经济产生的集聚效应和扩散效应会影响到周边乡镇经济社会的发展，为周边城郊农村地区带来更多商业发展的机会。周边城郊农村地区通过农副产品的生产、加工和销售也能促进商业经济的发展，使得当地农村居民的收入水平得到提高。四川省农村居民人均可支配收入由2009年的4 462元增长到2018年的13 331.38元，随着收入水平的提高，这必然会促进当地的消费需求，从而推动经济的高质量发展。

三、新型城镇化进程扩大投资需求推动经济高质量发展

新型城镇化向前推动，就意味着城市建设脚步加快，势必会增加城镇基础设施建设等方面的投入，包括城镇生存和发展的工程性和社会性基础设施。进行大规模的基础设施建设需要足够的资金来源，立足于投资需求的视角，新型城镇化必定会扩大对投资的需求，大规模投资推动经济的发展。首先，城镇化吸引更多的人口进入城镇，人们需要在城镇生活、居住，势必会增加对住宅的需求，这无疑会使得房地产业加速发展，房地产业投资规模进一步扩大。其次，城镇人口增加势必将带来新的需求，其中包括对教育、文化、公共交通、医疗服务、社会保障等公共及社会化服务产生的新需求，对这方面的建设同样需要大规模的投资才能实现，这就使得更多的投资融入城镇化建设；城镇人口增加也扩大了对工业、生活等消费品的需求，这也使得大规模的固定资产投资用于工业、农业方面。最后，在新型城镇化背景下，投资模式不再像以往“摊大饼式”的粗放型的投资，而是更加注重城镇医疗、文化、教育等公共福利的投资，扩大和优化后的投资结构，也更能够满足改善民生和增强社会化功能的投资需求。新型城镇化带来人口集聚效应，也会刺激政府加大对各个领域的投资，对投资需求产生极大的拉动作用。相应地，随着各个领域投资规模的不断扩大和投资结构的不断优化，资源能够进行更合理的配置，资源运用效率会得到更大提升，经济高质量发展的优势会逐渐显现。

四、新型城镇化进程加速产业结构升级优化推动经济高质量发展

城镇化的实质就是一个地区产业结构优化升级的过程。产业发展与城镇化之间存在紧密的互动关系，体现为城镇化建设要求产业结构升级优化以满足城镇化进程的需求，产业结构得到升级优化进而促进城镇化发展。产业结构不断调整的过程中，地区生产要素在产业之间流动和配置。随着人均收入水平的提高，劳动力在三次产业间流动。同时城镇建设发展水平不断提高、城镇规模不断扩大，城镇对周边城郊农村地区的辐射能力也进一步增强、辐射范围进一步

扩大。在乡镇企业和小城镇商业发展的依托下，农业和工业化发生转换，农村人口也从第一产业向第二、三产业转移，三次产业的就业结构由此得到优化升级，从而解决长期制约中国经济质量有效提高的二元经济结构问题。首先，城镇化建设能通过扩散效应和集聚效应促进工业化加速发展。在城镇化进程中，一个地区在一段时期内人口大量集聚，为其工业化发展提供了充足的人力资源，这不仅为工业扩大生产规模提供了基础条件，也使得创新和技术改革在工业部门中得到大力推动，创新和技术的优势也逐渐形成起来；此外，人口集聚也扩大了对工业产品的消费需求，需求的不断增加势必创造更多供给，供需间的紧密交换会加快工业化发展的速度。生产规模扩大后的工业使得各领域生产资源集聚，各行业间要素、信息交换更加频繁，这也带动了与工业化行业息息相关的第三产业的发展，如物流、金融、信息传输、房地产、教育、保险等行业的发展。其次，新型城镇化也能促进三次产业结构的内部调整及发展，农村剩余劳动力从边际收益率较低的农村地区向边际收益率更高的城镇转移，农村土地利用不再像以往那样分散，而是转向集约化、规模化。改变生产模式后的农业在劳动生产效率、农业作业机械设备及技术方面都会得到较大提高，相应地，第一产业发展水平也会不断提高。城镇作为大量人口聚居地，同时也是资金、技术、人力等资源的聚集地，各种生产要素汇集在一起能推动地区产业规模化、技术创新升级，为城镇第二产业的发展提供条件；并且随着技术水平的提高，工业成本大幅降低，这为第二产业结构的优化升级奠定了更坚实的基础。城镇化还有利于先进技术的引进和外部资金的引入，为第二产业发展提供良好的外部环境。随着创新驱动势头不减和技术改革深入推进，高新技术化和机械化程度不断提高[12]，第二产业吸引就业的优势逐渐被第三产业替代；并且人口在城镇的集聚效应，也会带来新的消费需求和消费观念，这对第三产业的产品和服务也会产生越来越多的需求，促进规模经济的形成，从而促进第三产业的发展。新型城镇化加速产业结构优化升级，也使得经济发展不再追求粗放式的数量增长，而是转向更具潜能、更具可持续性、更集约、更健康的高质量发展。

五、经济高质量发展是新型城镇化进程的根本推动力

经济高质量发展的过程就是新型城镇化建设的过程，也是新型城镇化水平不断提高的过程。经济高质量发展作为新型城镇化进程的根本推动力，其丰富的经济内涵使城镇化得以长期稳定发展。经济实现高质量发展即意味着经济的各个方面都取得了长足发展，也就是经济发展的结构、经济发展的协调性、经

济发展的稳定性、经济发展的可持续性、经济发展的红利、经济发展的资源配置和环境保护都有了巨大的进步。具体来说，升级优化后的经济发展结构，为城镇化带来新的活力和动力；区域间更加协调的经济发展，使得区域间发展差距扩大的趋势得以缓解，从而使城镇化建设的区域差距不断缩小；经济增长速度由高速转向中高速，供给侧结构性改革深入发展，经济更加趋于稳定，且“稳中有进”，稳定的经济发展形势将吸引更多投资，为经济发展创造出更加良好的外部环境，同时也为城镇化建设提供更加充足的资金来源；经济发展的可持续性是指随着经济社会的发展，城镇提供源源不断的就业机会，大量剩余劳动力开始向城镇转移，劳动力向更高效劳动市场转移，就业使产业得到发展，产业规模扩大创造出更多就业机会，从而吸引更多的农村人口向城镇转移，进而使得人口城镇化得到快速发展；经济发展的最终目的是释放经济的红利，使发展的成果惠及全体人民，如基础设施建设不断完善、社会化服务更加全面、人民生活得到更高水平的保障等；以往城市发展总是伴随着资源浪费、环境破坏等问题，但高质量发展要求在追求经济效益的同时，要更加注重资源节约和环境保护，经济发展更加集约高效、更加重视生态文明，城市建设倡导绿色发展、可持续发展，城镇生态环境得到改善、城镇居民更加幸福。经济高质量发展所强调的各方面发展实际上与新型城镇化所包含的核心要义是相契合的，也就是经济实现高质量发展，势必使得城镇化建设同样具备高质量，也会加速新型城镇化的进程。

参考文献

[1] 洪银兴，孙宁华. 中国经济发展：理论、实践、趋势 [M]. 南京：南京大学出版社，2015：1.

[2] 宜东东. 论高质量发展 [D]. 延安：延安大学，2019.

[3] 孙冬. 从“高速增长”到“高质量发展”：中国经济发展路径转向研究 [D]. 长春：吉林大学，2019.

[4] 钞小静，薛志欣. 新时代中国经济高质量发展的理论逻辑与实践机制 [J]. 西北大学学报（哲学社会科学版），2018，48（6）：12-22.

[5] 袁晓玲，李彩娟，李朝鹏. 中国经济高质量发展研究现状、困惑与展望 [J]. 西安交通大学学报（社会科学版），2019，39（6）：30-38.

[6] 郭长青. 经济结构调整、增速放缓与高质量发展：基于索罗-斯旺增长模型 [J]. 贵州财经大学学报，2019（5）：12-18.

[7] 林兆木. 我国经济高质量发展的内涵和要义 [J]. 西部大开发，2018

(Z1)：111-113.

［8］鲁邦克，邢茂源，杨青龙. 中国经济高质量发展水平的测度与时空差异分析［J］. 统计与决策，2019，35（21）：113-117.

［9］高培勇. 理解、把握和推动经济高质量发展［J］. 经济学动态，2019（8）：3-9.

［10］邹伟进，郑应炳，刘万里. 新时代中国经济高质量增长中长期动力：要素结构变迁［J］. 工业技术经济，2019，38（11）：23-30.

［11］张治河，郭星，易兰. 经济高质量发展的创新驱动机制［J］. 西安交通大学学报（社会科学版），2019，39（6）：39-46.

［12］王磊. 推动民营经济高质量发展的制度创新研究［D］. 北京：中国社会科学院研究生院，2019.

第四章 四川省新型城镇化进程中经济高质量发展影响因素分析

在对新型城镇化进程下四川经济高质量发展的影响因素进行探究时，本书从总量效应和结构效应的双重视角出发，并结合实证考察全面分析四川经济高质量发展的影响因素，发现经济高质量发展的影响因素既包括总量效应下的人力资本、环境规制、外商直接投资、创新驱动、经济发展开放度和基础设施建设等，也包括结构效应下的影响因素，如经济高质量发展结构、宏观经济结构、中观经济结构、微观经济结构等。本章通过建立回归方程，运用普通最小二乘法拟合，再结合灰色关联度分析法系统分析影响四川经济高质量发展的重要因素，为后面章节提供理论依据，也为四川经济实现高质量发展找准突破口和着力点。

第一节 总量效应视角下的影响因素分析

一、总量效应视角下的影响因素作用机制

经济高质量发展进程受到多因素的影响，要想实现高质量发展，就应该对其内外部的因素进行合理的分析。将众多影响因素放在两个不同层面来看，分别有总量层面的影响因素和结构层面的影响因素。本节从总量效应出发来探究是哪些因素对四川经济高质量发展产生影响。在经济环境下，总量效应主要是指具有系统属性的因素对经济体产生的系统影响，这些因素从总体层面上会对整个经济体的经济高质量发展产生重要影响。本节从人力资本、环境规制、外商直接投资、创新驱动、经济发展开放度、基础设施建设这六个会从总量层面上对四川经济高质量发展产生影响的因素出发，分析这些因素对经济高质量发展的作用机制。

假设经济的高质量发展受到以下因素的影响，则经济高质量发展函数表示为

$$L = L(Hc,\ Env,\ Fdi,\ Ind,\ Open,\ Infra) \tag{4-1}$$

其中，L 表示经济高质量发展水平，Hc 表示人力资源，Env 表示环境规制，Fdi 表示外商直接投资，Ind 表示创新驱动，$Open$ 表示经济发展开放度，$Infra$ 表示基础设施建设。

然后，设式（4-1）为柯布道格拉斯型函数，则进一步对式（4-1）全微分。全微分后得到如下公式：

$$dL = \frac{\partial L}{\partial Hc} \cdot dHc + \frac{\partial L}{\partial Env} \cdot dEnv + \frac{\partial L}{\partial Fdi} \cdot dFdi + \frac{\partial L}{\partial Ind} \cdot dInd + \frac{\partial L}{\partial Open} \cdot dOpen + \frac{\partial L}{\partial Infra} \cdot dInfra \tag{4-2}$$

再对式（4-2）两边同乘 $\frac{1}{L}$，且对等式右端各项分别乘以 $\frac{Hc}{Hc}$、$\frac{Env}{Env}$、$\frac{Fdi}{Fdi}$、$\frac{Ind}{Ind}$、$\frac{Open}{Open}$、$\frac{Infra}{Infra}$，就得到：

$$s = \lambda 1 s1 + \lambda 2 s2 + \lambda 3 s3 + \lambda 4 s4 + \lambda 5 s5 + \lambda 6 s6 \tag{4-3}$$

在式（4-3）中：$si = \frac{dL}{L}(i = 1,\ \cdots,\ 6)$，$\lambda 1 = \frac{\partial L}{\partial Hc} \cdot \frac{Hc}{L}$、$\lambda 2 = \frac{\partial L}{\partial Env} \cdot \frac{Env}{L}$、$\lambda 3 = \frac{\partial L}{\partial Fdi} \cdot \frac{Fdi}{L}$、$\lambda 4 = \frac{\partial L}{\partial Ind} \cdot \frac{Ind}{L}$、$\lambda 5 = \frac{\partial L}{\partial Open} \cdot \frac{Open}{L}$、$\lambda 6 = \frac{\partial L}{\partial Infra} \cdot \frac{Infra}{L}$ 分别表示人力资本、环境规制、外商直接投资、创新驱动、经济发展开放度、基础设施建设的产出弹性；$s1 = \frac{dHc}{Hc}$、$s2 = \frac{dEnv}{Env}$、$s3 = \frac{dFdi}{Fdi}$、$s4 = \frac{dInd}{Ind}$、$s5 = \frac{dOpen}{Open}$、$s6 = \frac{dInfra}{Infra}$ 分别表示以上各个因素的增长率。

由式（4-3）可知，经济高质量发展源于各影响因素的高质量发展，各影响因素的产出弹性和增长率的提升都会对其产生深远影响。若在某一阶段内各影响因素的产出弹性处于不变的状态，较高的增长率可以提高经济高质量发展水平。在此基础上，下面对经济高质量发展的影响因素作用机制进行分析：

（1）人力资本作为经济新常态下经济实现高质量发展的重要因素，是经济高质量增长的源泉。它作为重要引擎推动经济实现高效、集约发展，也作为动力使经济保持可持续、健康发展。人力资本的质量是我国经济由高速增长阶段转向高质量发展阶段的内在要义。经济高质量发展的新动能已经加速形成，

创新作为其中最重要的新动能开始蓄势待发。科技创新能力依靠技术的转型升级，然而技术实现转型升级正是以高规格、高质量的人力资本为基底的。人力资本水平的提升有利于技术效率的显著提高，进而推动创新，实现经济高质量发展。另外，人力资本水平的大幅提升可以使人这一要素实现更全面的发展。随着工作能力和技术水平的提高，人力资本投资所带来的收益也会呈现递增趋势，这有利于改善人自身的经济状况，从而缩小区域发展差距和贫富差距。因此，以人力资本为发展基础的经济新动能、创新力和核心竞争力才是实现高质量发展的根本[1]。

（2）环境规制体现在对产业结构优化升级产生影响等方面。环境规制影响着企业的成本和利润，较高的环境规制使得资本的逐利需求无法得到满足，致使企业向环境规制较弱的地区转移，从而改变地区的产业结构。很多研究已经表明，环境规制对产业结构升级起着明显的推动作用，加大环境规制的力度会加速产业结构升级优化，使得资源能够得到更高效的配置，从而刺激经济转变发展方式，进而实现高质量发展。在环境规制下，企业需采取低碳环保、集约高效、遏制污染的再生产方式，这些为了达到环境规制要求而付出的支出则大大增加了企业的环境成本，在一定程度上还抑制了再生产活动的开展。因此，为了弥补因环境规制而增加的成本，企业会被迫选择进行技术革新，开始加大对生产环节的创新研发，以应对环境规制下成本较高的问题，这为企业转型升级提供了良好契机。环境规制对企业产生的优胜劣汰的作用也为产业结构的升级优化创造了有利条件。更加健康的绿色理念已经融入经济社会发展的进程当中，企业和产业发展将不再以牺牲环境为代价，从而促进经济实现高质量发展[2]。

（3）从宏观经济角度来看，外商直接投资对经济体的经济发展起直接和间接两方面的促进作用。直接作用是指通过引进规模以上的境外资本弥补国内的外汇或储蓄缺口，凭借其雄厚的资本实力，使得国内生产力和产品质量得到大幅提升，也可称其为直接外商投资对经济发展的直接传导效应[3]。外商直接投资的引入能够对经济社会的总需求和总供给产生极大的刺激作用，创造出多样的经济产品和多元的社会化服务，提高全要素生产率以推动经济发展质量的提升。间接作用则是指外商直接投资流入国内后产生的溢出效应，包括跨国企业与本土公司的密切联系和互动关系，外商直接投资带来资本的同时也将国外先进的企业管理经验、技术等引入国内，这能对国内企业战略转型、产业结构升级优化起到极大的推动作用，也会间接地影响国民经济的发展质量，这可称作外商直接投资的间接传导效应。无论是对产业还是企业来说，外商直接投资的引入都会加速其发展。随着资本而来的高新技术和管理手段会从结构上优化我国的产业布局，并提升我国整体产业的高质量发展水平，外商直接投资还使国内企业与国际企业的交流机会增多、联系更加密切，我国企业发展定位更具全局性、发展水平得到全方位的提高。这表明外商直接投资对我国经济实现高质量发展有着举足轻重的作用。

（4）中国经济发展已经进入新时代，经济增长方式也由过去以依靠资源和投资为主转向人力资本集聚和创新驱动。实现经济高质量发展，最根本之处在于创新驱动，通过创新驱动提高全要素生产率和劳动生产效率。创新驱动对经济高质量发展的作用体现在两个维度上。其一是同步提升全要素生产效率和劳动生产效率，在工业化过程中通过创新驱动实现“资本深化”[4]，人力资本得到高效利用，创新技术带来工业改革，从而加快劳动生产率的增长速度，也间接加速工资水平的提升趋势，进而提高国民生活水平和福利水平。在创新驱动影响下，企业技术水平和资源配置效率也得到大幅提升，使社会全要素生产效率得到提高，创新驱动带来的新动力使经济增长能够逐步不再是依靠要素集聚和投入带来的增长，而是通过内生的技术创新来实现经济增长，剩余劳动力投入、资本深化而引起的规模报酬递减等问题也将通过全要素生产效率的提高而得到克服。其二是创新驱动作为实现经济高质量发展的新动能的核心，更加注重提高企业的自主创新能力和提高企业的核心竞争力。通过科技革命和产业变革，创新技术将代替老旧技术，智能化、尖端化技术将代替劳动密集型技术，以抢占未来科技创新和经济创新发展的高地，这也将成为实现经济高质量发展的根本动力。

（5）经济发展开放度是衡量一个国家或者地区经济对外开放水平的重要指标，也是其参与经济全球化进程的重要标志。一个国家或地区的经济发展开放程度越高，就越能显示其经济全球化的参与度，其也就越能享受到经济全球化所带来的发展红利[5]。加大全球贸易的规模可以使国内外资本流向更具优势的对外贸易产业，参与对外贸易的企业也能从中得到更全面的发展，生产出更高质量的产品以及提供更高质量的服务，以此提高国际知名度，拓宽海外市场。这个过程中更大规模的外来资金的再次投入，可促进国内的企业发展及产业优化，进一步加速国内经济发展质量的提升。另外，提高国家或地区的经济发展开放度，也是对经济体自身的资源和劳动力资本等要素配置的进一步提升和优化。经济发展开放促进了资源在世界范围内的交换和分配，使有限的资源和劳动力产出了最大的效用。我国经济体制为市场经济，经济社会的发展在很多方面都依赖于市场的需求，而满足这些需求仅仅依靠国内的供给可能显得

"力不从心"，通过对外开放打开巨大的国外市场来满足需求则是实现经济高质量发展的重要途径。高程度、高质量的经济开放不仅能够调节国内市场的资金流向，还对资本结构起着优化升级的作用，这既可以避免资源不被合理、有效地利用，还能优化市场结构和资源配置，也使经济发展质量得到进一步提升。

（6）基础设施作为社会赖以生存和发展的一般物质基础，其较高的建设水平可以对经济的可持续发展起到推波助澜的作用，所有企业、生产部门和居民生活也都离不开基础设施。其不仅作为物质生产的重要条件促进供给，还作为劳动力再生产的重要条件扩大就业[6]。作为区域经济发展的基本条件，完善的基础设施能够吸引外来投资和外来企业的入驻，引入的资金流和扩大的地区经济规模也将进一步加速地区的经济建设。基础设施建设拉动社会资源需求，带来了更多的就业机会，加速了资源配置和交流，这对解决贫富间差距和协调区域经济发展有着重要意义。除了直接拉动社会需求外，基础设施还可以影响各部门的生产成本，不断改善的基础设施可以提高社会劳动生产效率以降低物质生产成本，还能通过提高企业管理效率降低管理和交易成本，从而带动产业结构的升级优化，进而间接地影响经济发展质量。另外，基础设施作为居民生存环境的重要组成部分，其发展状况的改善可使人们的生活水平得到提高，人民生活愈加幸福，这也是经济高质量发展的重要体现。

二、模型设定与变量选择

1. 建立模型

在对上述总量层面上的六个影响因素作用机制进行分析，并结合已有研究的基础上，下面将运用2009—2018年四川时间序列数据建立回归模型，并采用四川经济高质量发展水平作为被解释变量，选取人力资本、环境规制、外商直接投资、科技创新能力、经济发展开放度、基础设施建设6个变量作为解释变量。为使所建立的模型的合理性得到验证以及解决其异方差性，另外还要检验数据的平稳性，本书通过将各个变量进行对数化使以上两个方面得到满足。建立对数化后的计量回归模型如下：

$$\ln Qegt = \alpha 0 + \alpha 1\ln Hct + \alpha 2\ln Envt + \alpha 3\ln Fdit + \alpha 4\ln Indt + \alpha 5\ln Opent + \alpha 6\ln Infrat + \theta t$$

其中，t 表示年份，θt 表示为随机误差项；$\alpha 0$ 表示为自变量相关系数，$\alpha 1$、$\alpha 2$、$\alpha 3$、$\alpha 4$、$\alpha 5$、$\alpha 6$ 分别表示6个因变量的相关系数。

2. 选择变量

（1）被解释变量。

经济高质量发展水平（ Qeg ）：经济高质量发展有狭义和广义之分。经济高质量发展的效率一般被称为狭义的经济高质量发展。在现有文献研究中针对经济发展质量通常运用索洛余量，即全要素生产率（TFP）来进行测度。广义的经济高质量发展并不是一个单一的概念，学术界通常认为其是一个综合性概念，并且内涵丰富。本书借鉴他人在经济高质量发展多维度评价分析的成果上，结合所研究的对象，进一步延伸出新型城镇化进程中经济高质量发展分析框架，采用综合评价法从经济高质量发展的结构、可持续性、城镇化动力、人民生活福利水平、资源与生态环境成本五个维度来测算各项指标，并以此来衡量四川经济高质量发展水平。对四川经济高质量发展的因素分析，本书采用的数据来自 2009—2018 年的《中国统计年鉴》《四川统计年鉴》《中国环境统计年鉴》等。

（2）解释变量。

人力资本（ Hc ）：当前，对于人力资本的衡量或测度已经有了较多成熟的方法，包括成本法、收入法、教育指标法，其中教育指标法因为其操作简单，被广泛用于人力资本的测度。教育指标法认为教育是衡量人力资本水平发展的重要维度，它可以反映人力资本存量，通常可用教育总经费或生均教育经费、总受教育年限或平均受教育年限、教育回报率等形式来表现。本书将采用广泛用于经济学研究中的平均受教育年限来衡量人力资本。本书将受教育程度分为小学、初中、高中（含中专）、大学（含大专和研究生）四个组别，这些组别受教育年限依据我国教育学制，分别设为 6、9、12、16 年。为了消除度量单位对衡量结果的影响，这里的平均受教育年限将采用比例指标，将大学教育程度视为 1，对应其教育年限 16 年，则得到各组别学历人口的受教育程度，即学历年限与 16 的比值。具体的计算公式如下：

$$\text{平均受教育程度} = \frac{\left[\text{小学学历人口} \times \frac{6}{16} + \text{初中学历人口} \times \frac{9}{16} + \text{高中(含中专)学历人口} \times \frac{12}{16} + \text{大学(含大专和研究生)学历人口} \times 1\right]}{\text{6岁及以上人口数量}}$$

环境规制（ Env ）：对于环境规制的测度指标，当前有学者提出了一些不同的看法。其中李伟和沈静（2012）通过分别构建废气、废水和固体废物的环境规制强度指数来测算“三废”的规制对“波特假说”的效果；原毅军等（2013）[7]则通过把指标绝对化、对数化来对环境规制进行测度，其测算指标包括排污费征收、污染治理投资总额、ICT（信息与通信技术）投资等具体指标；黄清煌等（2016）[8]借助综合指数方法，构建出了一系列环境规制指标，并对其做出了具体的分析；孙英杰（2018）[9]则分别从投资和费用两个不同的维度，构建了一系列环境规制下的测算指标，并采用区位熵指数法对这些指标进行分析，以此来衡量环境规制。考虑到数据的可获得性和真实有效性，以及这类数据的应用广泛程度，本书的环境规制指标将以环境污染治理投资总额占当年四川地区生产总值的比重来表示。

外商直接投资（*Fdi*）：当前对外商直接投资指标的衡量，有学者在研究中进行了不同的尝试。随洪光（2013）在其研究中指出 FDI 是衡量各地区外商直接投资水平的指标，他采用各地区三资企业产值占当年国内生产总值的比重来衡量外商直接投资的水平；张森（2018）[3]2-40则分别从 GDP、进出口贸易和就业三个维度来测算，并将时间序列的数据对数化，以消除序列中的异方差影响来衡量 FDI。在当前对于外商直接投资的研究中，大部分都是采用地区当年的实际外商直接投资额占 GDP 的比重来衡量。基于数据的可获得性和应用广泛性，本书也将采用四川实际外商直接投资额占当前年度 GDP 的比重来表示四川外商直接投资。

创新驱动（*Ind*）：经济发展转向新常态，创新驱动作为经济高质量发展的重要动力，近年来受到广泛关注，对其指标及测度方法的研究成果也较为丰富，其中包括熵值法、逐级等权法、主成分分析法以及层次分析法等。袁航等（2018）[10]通过构建创新驱动价值链从认知基础、主体要素投入、主体成果产出、扩散效应、溢出效应五个维度入手，借助主成分分析法对创新驱动指数进行测算；高京燕等（2019）[4]115考虑了指标的相关性、全面性和可行性，采用具有关键性的指标构建评价体系测算创新驱动，其指标包括 R&D（研究与试验发展）活动人员折合全时当量、R&D 活动经费支出、专利申请数等。考虑测算指标需要客观真实反映区域创新驱动发展的现实状况，其数据还需要具有可获得性和可操作性，因此本书将采用 R&D 经费内部支出强度，即研发经费占 GDP 比重来衡量四川的创新驱动。

经济发展开放度（*Open*）：在已有的研究文献中，许多学者均指出对外开放程度将影响地区的经济发展质量，地区对外开放程度的不同使得地区间的经济发展呈现差异化特征，进而影响经济体整体的发展质量。对经济发展开放度的测度，传统的做法是考虑外贸依存度、出口及进口依存度等指标，也有学者通过贸易顺差或外资利用额度来测算经济发展开放水平。本书衡量经济发展开放度考虑以外贸依存度为单一指标来进行衡量，即按当年汇率折算后的四川进出口总额占地区生产总值的比重来表示四川经济发展开放度。

基础设施建设（*Infra*）：当前对于基础设施建设指标的研究，多是通过影响基础设施建设指标测算结果的单项指标来衡量基础设施建设，但也不乏学者考虑分析的全面性和系统性，采用多指标建立综合的评价体系来进行测度。陈银娥等（2016）[11]依据指标权重分析，测算出道路交通系统对基础设施建设水平的影响最为显著；随洪光等（2017）[12]对基础设施建设水平的测度也是以道路交通水平的各项具体指标来进行衡量的。本书考虑测算的可操作性，采用每万平方千米内铁路运营里程、公路里程以及内河航道里程三者之和来衡量四川的基础设施建设水平，即 $Infra = \frac{(\text{铁路} + \text{公路} + \text{内河航道})}{10\,000\text{平方千米}}$。

三、实证结果分析

1. 变量平稳性检验

使用普通最小二乘法（OLS）进行参数估计时，如果所用数据不平稳则可能会出现伪回归现象。为避免四川经济高质量发展影响因素的“伪回归”问题，本书在对所建立的模型进行回归分析之前，借助软件对各个变量的平稳性进行检验，以满足回归分析的要求。本书对各个变量的平稳性考虑使用 ADF 单位根检验来进行考察，运用 eviwes8.0 软件通过 ADF 单位根分别检验四川经济高质量发展水平、人力资本、环境规制、外商直接投资、创新驱动、经济发展开放度、基础设施建设七个指标。ADF 检验结果如表 4-1 所示。

表 4-1 相关变量的 ADF 单位根检验

变量	检验形式（C、T、K）	ADF 统计	1%临界值	5%临界值	10%临界值	结论
lnQeg	（C、T、1）	-2.535 7**	-2.847 3	-1.988 2	-1.600 1	平稳
DlnQeg	（C、N、1）	-2.377 5	-4.582 6	-3.321 0	-2.801 4	非平稳
D（lnHc，2）	（C、T、1）	-3.723 2***	-2.937 2	-2.006 2	-1.598 0	平稳
lnHc	（C、N、1）	-1.499 2	-2.847 2	-1.988 1	-1.600 1	非平稳
DlnHc	（C、N、1）	-2.758 3	-4.582 6	-3.321 0	-2.801 4	非平稳
D（lnHc，2）	（C、T、1）	-4.053 9*	-7.006 3	-4.773 1	-3.877 7	平稳
lnEnv	（C、N、1）	-0.329 7	-2.847 2	-1.988 1	-1.600 1	非平稳
DlnEnv	（C、T、1）	-2.779 0	-4.582 6	-3.321 0	-2.801 4	非平稳
D（lnEnv，2）	（C、T、1）	-4.064 8*	-6.292 0	-4.450 4	-3.701 5	平稳
lnFdi	（C、T、1）	-3.041 7	-4.582 6	-3.321 0	-2.801 4	非平稳
DlnFdi	（C、N、1）	-1.656 7	-4.582 6	-3.321 0	-2.801 4	非平稳
D（lnFdi，2）	（C、T、1）	-7.174 8***	-6.292 0	-4.450 4	-3.701 5	平稳

表4-1(续)

变量	检验形式 (C、T、K)	ADF 统计	1% 临界值	5% 临界值	10% 临界值	结论
lnInd	(C、N、1)	-1.028 0	-2.847 2	-1.988 1	-1.600 1	非平稳
DlnInd	(C、T、1)	-3.430 0**	-4.582 6	-3.321 0	-2.801 4	平稳
D (lnInd, 2)	(C、N、1)	-6.582 9***	-2.937 2	-2.006 2	-1.598 0	平稳
lnOpen	(C、N、1)	-2.604 4	-4.582 6	-3.321 0	-2.801 4	非平稳
DlnOpen	(C、T、1)	-1.851 6**	-2.886 1	-1.795 8	-1.599 0	平稳
D (lnOpen, 2)	(C、N、1)	-2.831 3**	-2.937 2	-2.006 2	-1.598 1	平稳
lninFra	(C、T、1)	-8.640 0***	-4.420 6	-3.259 8	-2.771 1	平稳
DlninFra	(C、T、1)	-1.239 4	-4.582 6	-3.321 0	-2.801 4	非平稳
D (lninfra, 2)	(C、N、1)	1.611 3*	-2.937 2	-2.006 2	-1.598 0	平稳

注：表格中的数值表示对应的统计量，(C、T、K) 分别表示截距项、趋势项和滞后阶数，D 表示一阶差分，D (* , 2) 表示二阶差分。表中 " *** " " ** " " * " 分别代表变量在 1%、5%、10%显著性水平下显著。

表 4-1 分别对经济高质量发展水平 (*Qeg*)、人力资本 (*Hc*)、环境规制 (*Env*)、外商直接投资 (*Fdi*)、创新驱动 (*Ind*)、经济发展开放度 (*Open*) 等时间序列进行了 ADF 单位根检验，将检测序列得出的统计值与之对应的临界值相比较可以发现，这些序列的统计值均大于 5%的临界值，表明这些时间序列存在单位根；而基础设施建设 (*Infra*) 的统计值小于 5%的临界值，即不存在单位根。笔者使用 ADF 检验各时间序列的一阶差分，通过对统计值与临界值的比较分析发现，只有创新驱动 (*Ind*)、经济发展开放度 (*Open*) 的一阶差分结果中的统计值大于 5%的临界值，表明这两个时间序列一阶差分是平稳的，其余的时间序列一阶差分均是不平稳的。之后笔者对各时间序列的二阶差分分别进行 ADF 单位根检验，并将各自对应的统计值与临界值相比较，结果表明在 10%显著性水平下，各检验序列的统计值均小于与之对应的临界值，从而拒绝原假设，即各序列的二阶差分都是平稳的。由此检验结果可以得出，以上参与检验的时间序列均是二阶单整时间序列，即本书所取用的变量具有相等的 "波长"，这会使得各变量随着时间的推移而同步 "漂移"，其带来的结果便是各变量之间存在长期线性联系的可能性增大，据此能够判断：这些具有经济特性的因变量与自变量之间存在均衡联系。

2. 实证结果分析

本书使用四川 2009—2018 年的数据为统计样本，分析影响四川经济高质量发展的六个因素，借助 Eviwes8.0 软件进行普通最小二乘法 (LOS) 做回归分析，其运行的结果如表 4-2 所示。

表 4-2 四川经济高质量发展影响因素回归分析结果

变量	参数	估计系数	t 统计值
人力资本	α1	0.025 5*	0.491 4
环境规制	α2	0.011 4**	2.389 9
外商直接投资	α3	0.044 5*	1.792 2
创新驱动	α4	-0.014 2*	-0.349 4
经济发展开放度	α5	-0.001 9*	-0.002 7
基础设施建设	α6	0.086 0**	2.359 6
常数项	α0	-0.174 5*	-1.418 5
R-squared（R2）		0.986 3	
Adjusted R-squared（adj-R^2）		0.958 9	
F-statistic（F 值）		36.001 1	

注：表中，“ *** ”表示变量在 1%显著性水平下显著，“ ** ”表示变量在 5%显著性水平下显著，“ * ”表示变量在 10%显著性水平下显著。

对上述模型中的残差序列进行平稳性检验，以排除出现“伪回归”的可能。由表 4-3 的检验结果可知，模型中残差序列的 ADF 单位根检验统计值为 -5.683 5，其对应的伴随概率 P 值为 0.000 2。这表明此残差序列通过了 1%的显著性水平检验，在 1%的显著性水平下该序列是平稳的，因此建立的回归模型不存在“伪回归”的可能性，模型成立。该模型反映出自变量序列和因变量序列之间存在协整关系，即存在长期稳定的均衡关系。

表 4-3 回归模型的残差序列平稳性检验结果

项目		T 统计量	伴随概率
ADF 单位根检验统计值		-5.683 5	0.000 2
临界值	1%显著性水平	-2.886 1	—
	5%显著性水平	-1.995 8	—
	10 显著性水平	-1.599 1	—

据表 4-2 可知，回归分析结果中的可决系数（R^2）达到 0.986 3，表明模型在整体上满足了要求，拟合结果较好。F 统计量也达到 36.001 1，说明本书

选取的解释变量能够对四川经济高质量发展做出较为系统和全面的解释。依据参数的显著性检验结果可知，环境规制和基础设施建设两个变量通过了5%的显著性水平检验；人力资本、外商直接投资、创新驱动、经济发展开放度4个变量通过了10%的显著性水平检验。

人力资本的发展和积累水平是衡量一个地区劳动力质量的重要指标。人力资本的高质量发展是改善生产要素投入的重要参考标准，也是经济实现高质量发展目标的重要影响因素。据表4-2的回归结果可知，参数 $\alpha1=0.0255$ 表示人力资本对四川经济高质量发展的影响程度。它通过了10%的显著性水平，表明人力资本对四川经济高质量发展具有一定的正向促进作用，但作用甚微；也就是说人力资本存量的相对规模每增长1%，则四川经济高质量发展水平增长0.025 5%。对其结果的解释可以分为如下两个方面：其一，一个地区的人力资本存量在一定程度上可以通过该地区的教育发展水平来体现。四川一直秉承“科教兴川”、人力资源强省的发展理念，因而四川近年来的教育发展速度很快。但从人力资本存量的划分来看，四川高等人力资本存量仍远低于初、中级人力资本存量，即四川人口接受的教育主要在小学、初高中，接受过高等教育的人占比较小。在新时代下，各行各业对劳动力素质的要求开始提高，劳动密集型发展方式已经不再适应经济社会发展需要，大量低素质劳动力只能通过寻求政府帮助和社会保障来维持生活。这部分劳动力没有为社会创造更多的经济价值，而且不利于经济实现高质量发展。另外，高等人力资本存量不足反映的是当前四川缺少科技创新和技术研发人才，也就没能将人力资本的作用充分发挥在经济高质量发展中。其二，四川作为一个人口大省，地域也十分辽阔，具有多地区、多民族、多社会形态的发展格局，教育发展水平也随之呈现出区域差距明显的特征，不同的地区对教育的重视程度也有所不同。经济社会发展水平较高的成都平原及川南地区的教育水平相对于川西高原或川东北地区要高得多，也更重视教育的发展。在教育发展水平上的明显的地区差异也使得四川整体的人力资本存量水平在短时期内难以得到高质量的发展，人力资本对四川经济实现高质量发展的推动作用也就难以体现。

环境规制作为一个重要变量，在四川实现且长期保持经济高质量发展的进程中发挥着不可或缺的作用。经济发展不再以牺牲环境和浪费资源为代价，可以通过环境规制的影响，实现四川的产业结构升级优化和企业的战略转型，使经济保持可持续健康发展。由表4-2可知，参数 $\alpha2=0.0114$ 表示环境规制对四川经济高质量发展的影响程度，且该项指标通过了5%的显著性水平检验，表明环境规制对四川经济高质量发展具有正向作用。该参数的含义是：环境污染治理投资总额每增加1%，经济高质量发展水平则增长0.011 4%。能够解释这一现象的原因是，通过环境规制手段以及大规模的环境污染治理投资，四川近年来在大力发展经济的同时，环境保护的压力得到缓解；同时在新发展理念下，也更加重视环境保护的内涵、以人为本的内涵。另外，环境规制的出发点是通过一系列的规制手段改变产业及企业发展的以往生产模式以及产业在地区间的转移，其落脚点是促进产业结构的升级优化、企业的技术革新，以此提高培育新动能的创新能力，完成企业生产方式的转换，实现产业在地区间的转移，最终达成环境保护、产业结构升级优化和企业革新、经济高质量发展的三赢局面。

一个地区是否具有吸引国际市场关注、立足国际的能力，可通过该地区外商直接投资的规模来加以衡量，从其规模的大小可以看出这个地区能否被国际市场所看重。另外，外商直接投资对于某个地区来说，不仅有利于其扩大出口，且有助于提升其出口商品的质量与结构，从而推动该地区的产业结构的升级优化，进而促进经济质量的提升。由表4-2可以看出，参数α3=0.044 5表示外商直接投资对四川经济高质量发展的影响程度，其通过了10%的显著性水平检验，即外商直接投资规模每增长1%，四川经济高质量发展水平提升0.044 5%。这也表明外商直接投资对于四川经济高质量发展有着不可或缺的作用。对于此现象的主要解释是，近年来四川的发展得到各方关注，作为西南片区经济发展基础较好的省份，四川积极对外进行经济交流和资源交换，从而不断受到国际市场的重视，发展迅速的基础设施水平和良好的投资环境吸引大量有实力的跨国投资公司来川投资兴业。以成都为例，截至2018年9月来蓉投资并落户的世界500强数量高达258家，创历史新高。在西部开发的背景下，四川不仅受到国内资本的大力支持，也凭借其自身的发展优势吸引了外资企业的投资，同时带来的还有国外先进的管理理念、高新技术和企业发展战略。这推动了四川产业的发展，为经济高质量提升打下了坚实的基础。

创新已经成为一个地区综合实力的核心体现，创新能力越强，则越能实现技术革新和突破，也就能创造更多的经济价值，并且使经济发展由依托投资、过度依赖资源、粗放式转向集约型、技术型。由表4-2可知，参数α4=-0.014 2表示创新驱动对经济高质量发展水平的影响程度，即表明创新驱动对四川经济实现高质量发展的作用甚微。造成这一现象的原因可以解释为，尽管改革开放以来，四川省经济发展取得了显著成效，且对国内生产总值的贡献率取得了突破性的增长，人民生活福祉也不断提高，但四川的经济发展始终没能摆脱资源消耗和低效劳动密集的困境，在科技创新、技术创新、知识创新等方面与国外或国内沿海省市还有较大的差距。一方面，由于四川高等人力资本存量不足，大量劳动力仍然集中在低成本的劳动密集型产业，高新技术产业的发展相对迟缓，由劳动密集型产业转向技术密集型产业的过程还有不小的困难。另一方面，四川省各地级市之间创新能力水平差异明显，极为不平衡，创新要素投入大量集中在以成都为中心的都市圈层，导致四川许多地级市的区域创新能力不足。综合来看，人力资本存量和区域创新能力的不足导致创新驱动对四川经济高质量发展的动力作用还不够明显，但随着创新这一核心要义注入四川经济发展理念，四川的经济发展最终会实现高质量的提升。

经济发展开放度可以反映一个地区对外开放、与外界交流的水平，也能从侧面反映出该地区的现代化程度和国际贸易的参与度。经济全球化趋势不可逆转，只有更多地参与其中，才能带动地区的经济发展，借助全球化动力因素提高经济发展的质量。由表 4-2 可知，参数 $\alpha5=-0.0019$ 表示经济发展开放度对四川经济高质量发展水平的影响程度，其值的大小表明当前四川的经济发展开放程度对经济发展质量的提升作用并不明显。产生这种现象的原因可以解释为，长期以来地理、文化、政策等因素的相互作用，导致四川难以摆脱早期形成的相对封闭的经济体系所带来的困境，使得四川的对外开放程度一直不高。尽管近年来四川不断扩大和增加与国际市场的交流规模和交流频次，但相较于国内沿海的发达省市，四川在对外开放的发展上仍处于弱势地位。四川深处内陆，没有海洋资源无法进行远洋运输，航空业发展也还不够成熟，由此在地理上拉开了与世界的距离，为了与国际市场交流就要不断增加对外贸易的空间成本，这也使得对外贸易的效率无法得到有效提升。另外，对外开放要与国际市场进行贸易往来，只有“物美价廉”的商品才能得到国际市场的青睐，出口商品的质量和结构则成为贸易的关键。但四川境内从事国际贸易的企业规模往往不大，涉及的贸易产品也大多为资源型、加工程度低、智能化水平不高、附加值低的商品。再加上贸易运输成本高等因素，四川的出口产品在国际市场中显得优势不足、缺乏竞争力。出口受阻使得四川的经济开放水平在短时间内无法有效提升，自然会影响到经济的高质量发展。

衡量一个地区经济发展质量水平高低的重要指标是该地区的基础设施建设水平。基础设施是经济赖以发展的硬条件，没有完善的基础设施，就无法吸引消费和投资，也就失去了经济高质量发展的先决条件。表 4-2 中的参数 $\alpha6=0.0860$，表明基础设施建设对经济高质量发展水平的影响程度。它通过了 5% 的显著性水平检验，即表示四川的基础设施建设在近年来取得了长足的发展，且对经济高质量发展产生了显著的促进作用，也就是公路、铁路、内河航运等基础设施水平每提升1%，经济高质量发展水平则提升0.086 0%。这一现象可以解释为，在国家及地方政府财政与国际投资的双重支持下，四川近年来大力开展基础设施建设；而进行大规模的基础设施建设需要大量的劳动力和资源供给，这便创造了就业机会，也推动了相关资源产业的快速发展。在基础设施建设过程中，因为其本身也是产业结构的一部分，发展不同种类的基础设施也对应着不同行业和产业的发展，这间接影响了四川产业结构的升级优化。另外，基础设施建设伴随着城镇化进程，四川近年来城镇化发展迅速，城市基础设施建设水平得到较大的提升，因而人们的生活质量有了较大提高，城市生存环境和生产条件有了较大改善，使得城市生产效率更高、盈利能力更强、更能吸引外来投资和高素质人才，最终推动四川经济高质量发展。

第二节　结构效应视角下的影响因素分析

一、结构效应视角下的影响因素机制

通过上文对四川经济高质量发展影响因素的总量效应分析，可以看出高质量发展受到多维度因素的影响，这些因素构成的整体影响机制推动四川实现高质量发展。除了要在总量层面分析具体的因素对高质量发展的影响，还有必要进一步结合经济体自身的发展结构进行探究，即从结构效应的视角来分析影响四川经济高质量发展的因素。改革开放40多年，四川凭借自身的经济活力以及其他省市的支持，经济稳步发展，社会化、城镇化也取得了不小的成绩，经济飞速发展所迸发出的经济红利使得人民生活水平显著提升。但在经济新常态下，四川经济结构的失衡问题日益显现，经济转向高质量发展需要新的活力。当前四川急需破除旧动能的束缚，不断挖掘适合四川经济转型的新动能，只有这样才能使四川经济发展找准突破口和着力点，最终实现高质量发展。因此对四川经济高质量发展的研究需要结合经济结构性影响因素分析，厘清两者之间的关系对实现高质量发展具有理论和现实两方面的意义。本书对于经济结构性的影响将从经济高质量发展结构、宏观经济结构、中观经济结构、微观经济结构四个维度出发，在这四个结构维度下进行具体分析，从而找出哪些因素与四川经济高质量发展的关联程度最高。以这些因素的分析结果为出发点，我们今后可对四川经济高质量发展水平的提升进行持续探索，进而加速四川经济高质量发展，为经济社会的建设提供源源不竭的动力。

从经济高质量发展结构来看，经济发展是由投资、消费和出口共同拉动

的，要想实现经济的高质量发展，就要保证投资、消费和出口组成的经济结构的稳定性。四川当前面临经济结构失衡问题，而解决这一问题的关键就在于消费。扩大消费需求会增加投资和出口，致使经济发展的动力结构趋于稳定且更具活力；消费需求扩大还会加快物质生产、交换和分配的速度，从而稳定社会再生产结构；另外不断增长的内需也将使内外需求结构失衡问题得到有效缓解。大力发展消费型经济，不断扩大消费需求，从而优化投资结构和投资环境，扩大出口规模，使得经济发展结构趋于平衡稳定，经济发展的质量自然会得到提高。

从宏观经济结构来看，城镇化水平将会直接影响经济高质量发展水平。城镇化发展水平提高，代表城市建设和居民收入水平的提高，这必然会吸引更多的外来投资，也将促进消费需求的增长。城镇化进程下，经济社会的资源交换和分配活动增多，会促进产业和企业发展，扩大就业的同时产业和企业自身的结构也不断得到优化升级；人民生活水平显著提高，经济发展带来的福利状况得到改善，社会贫富差距的扩大趋势减缓，全民都能享受到经济发展带来的硕果，从而提升经济发展的质量。财政支出水平反映了政府对经济做出宏观调控的手段和措施，在大力发挥市场作用的前提下，也能够充分发挥政府职能对经济发展出现问题的地方及时做出调整，以确保经济可持续、高质量发展。政府可以通过行使经济调控手段，让地区间经济发展不平衡的矛盾得到有效缓解，缩小区域经济发展的差距；也可以通过出台相关政策，影响经济发展结构及产业结构，让经济发展与环境保护之间的矛盾趋于缓和。“既要金山银山，也要绿水青山”，在保证自然生态不受到破坏的前提下发展经济，从而加速和谐社会的建设，促使经济实现高质量发展。

从中观经济结构来看，第一产业、第二产业和第三产业的贡献率水平是三次产业对地区经济发展的拉动作用。三次产业发展带来的不仅是经济数量级的增长，也是三次产业内部结构优化带来的经济高质量的发展。从三次产业结构不同的发展阶段来看，农业作为早期经济发展阶段的支撑，其贡献率水平也是最高的；当经济经过相当长一段时间积累达到成熟阶段时，第二产业的贡献率会逐渐超过第一产业并达到最大，以工业、建筑业为主的第二产业将对地区经济发展产生持续的支撑性影响，并加快经济增长的速度；当经济由高速度增长阶段转向高质量发展阶段且经济发展已经具有较高水平时，第三产业将超越第一产业、第二产业，并长期影响地区的经济发展，第三产业发展水平成为决定地区经济发展质量的关键，第三产业为地区经济发展提供源源不竭的动力，不断创造经济发展新高地，最终推动经济实现高质量发展。

从微观经济结构来看，创新发展是当前经济新常态下经济寻求高质量发展的重要途径。旧动能无法突破的经济发展困境，可通过创新手段不断培育发展的新动能激发经济活力而突破，使经济保持集约高效的发展态势。寻求创新发展不仅关乎个人创新能力的提升，也关乎整个经济社会创新环境的改变。培养大量从事创新技术领域的科研人员，并带动社会中的其他成员，可形成万众创新的氛围，不断激发人民的创新潜能，为四川的建设贡献出每个人的力量。当社会成员的创新能力得到大幅提升，有社会成员参与其中的产业和企业也将因注入创新活力而得到更好的发展。企业通过自身创新能力的提升也将在国内及国际市场中提升竞争力，从而在市场中占有更多的份额以及获取更多的利润。企业获取利润的能力可以通过规模以上工业企业利润总额这一指标来体现，当企业发展向好便可以获得更多的利润，会吸引更多的投资进入；大规模的资金注入科技创新等领域，对企业未来的发展提供有力支撑，从而实现企业的高质量发展。恩格尔系数可以反映民生福祉，其数值越低，代表居民生活水平越高、人民生活越幸福。经济发展的最终目的是民众收入水平更高、生活环境更优良，能够使人实现个人的全面发展。无论是个人还是企业所构成的微观经济主体，其发展越好，越能体现经济发展的质量。

二、模型设定与变量处理

本书借助灰色关联分析法透过影响经济高质量发展水平的结构性因素来进行探究，将研究对象划分为相互关联的因变量序列和自变量序列。因变量序列代表四川经济高质量发展水平，自变量序列代表各个结构影响因素。本书通过因变量序列和自变量序列之间的关联度，来分析各个结构性因素对四川经济高质量发展水平的影响。

我们通常把事物之间存在的不确定性联系称作事物间的灰色关联，经过一系列计算后得出灰色关联度，并对这些灰色关联度的次序进行描述，目的是分析各因素间联系的顺序、大小、强弱等特性，这是一种分析和确定系统因素间相互影响程度的常用方法。与本书对总量效应下因素分析所采用的回归分析的方法不同，灰色关联分析法可以通过较少的样本得出与定性分析一致的结果，且结果的分布规律不一定是典型的，能够针对本书所采用的结构因素得出详细而准确的分析结果。

采用灰色关联分析的一般思路包括：依据某一因素的具体数据数列，分析其与其他各个序列曲线的几何图形的接近程度，越是接近，则表示它们之间的关联程度越高，反之越小。本书采用邓氏模型来测度序列之间的关联度，建立灰色关联分析模型的具体步骤如下：

（1）确定自变量和因变量序列。

遇到问题需要建立不同的研究序列进行具体分析。本书确立几个影响系统行为的自变量序列，再确立一个因变量序列来体现系统行为特点，建立以下的式子分别来表示自变量序列和因变量序列：

$X_i = \{X_i(t)\ ,\ t = 1,\ 2,\ 3,\ \cdots,\ n\}\ ,\ i = 1,\ 2,\ 3,\ \cdots,\ m$

$X_0 = \{X_0(t)\ ,\ t = 1,\ 2,\ 3,\ \cdots,\ n\}$

上式中，n 表示自变量序列和因变量序列的长度，m 表示自变量序列中自变量的个数。

（2）无量纲化处理序列。

对序列曲线几何图形的近似度进行比较的前提条件是各个序列之间具有可比的特性，也就是进行比较的两个序列的序列曲线具有相同的量纲。进行无量纲化的方法较多，本书采用初值化方法来对各序列进行无量纲化处理，以满足序列可比的要求，初值化处理将得到以下的新序列。

$$X_i = \left\{\frac{X_i(t)}{X_i(1)},\ t = 1,\ 2,\ 3,\ \cdots,\ n\right\},\ i = 1,\ 2,\ 3,\ \cdots,\ m$$

$$X_0 = \left\{\frac{X_0(t)}{X_0(1)},\ t = 1,\ 2,\ 3,\ \cdots,\ n\right\}$$

无量纲化后的数据序列将形成如下矩阵：

$$(X_0,\ X_1,\ \cdots,\ X_n) = \begin{pmatrix} X_0(1) & X_1(1) & \cdots & X_n(1) \\ X_0(2) & X_1(2) & \cdots & X_n(2) \\ \vdots & \vdots & \vdots & \vdots \\ X_0(m) & X_1(m) & \cdots & X_n(m) \end{pmatrix}$$

（3）根据序列数据逐个计算每个被评价对象的自变量序列（比较序列）与参考序列对应元素的绝对差值，即 $|X_0(k) - X_i(k)|$，$(k = 1,\ \cdots,\ m;\ i = 1,\ \cdots,\ n)$，$n$ 为被评价对象的个数（自变量序列指标个数）。

其中参考序列可看作一个理想化的比较标准，可以由各序列中指标的最优值（或者最劣值）构成一个参考数据列，可记为：$X_0 = \{X_0(1)\ ,\ X_0(2)\ ,\ \cdots,\ X_0(m)\}$。

（4）确定 $\min\limits_{i=1}^{n}\min\limits_{k=1}^{m}|X_0(k) - X_i(k)|$ 与 $\max\limits_{i=1}^{n}\max\limits_{k=1}^{m}|X_0(k) - X_i(k)|$。

（5）测度因变量序列和自变量序列的灰色关联系数。

通过下面的公式计算可以得到各个自变量序列和因变量序列在某一时刻的

关联程度，即关联系数 $\zeta i(k)$ ，计算公式如下：

$$\zeta i(k) = \frac{\min i\min k \left| X_0(k) - X_i(k) \right| + \rho \max i\max k \left| X_0(k) - X_i(k) \right|}{\left| X_0(k) - X_i(k) \right| + \rho \max i\max k \left| X_0(k) - X_i(k) \right|}, k = 1, \cdots, m$$

式中，ρ 值为分辨系数，其数值在 0 到 1 之间，分辨系数越小，表示关联系数间的差异越大，则区分能力越强。在本书中，取分辨系数的值为 0.5，其中最小二级差用 $\min i\min k \left| X_0(k) - X_i(k) \right|$ 表示，最大二级差则用 $\min i\min k \left| X_0(k) - X_i(k) \right|$ 来表示。

（6）计算关联度 γi 。

关联系数是指自变量序列和对应的因变量序列在某一时点上的关联程度值。这个数值不是唯一的，有多个数值，因而在通过使用关联系数对序列的整体关联度做对比时将面临一定困难。本书在对关联系数进行测算时，首先考虑将各时点的关联度整合成一个可以进行量化分析的数值，再求其平均值，以此作为自变量序列和因变量序列的衡量标准。关联度 γi 的计算公式记为

$$\gamma i = \frac{1}{n} \sum_{k=1}^{n} \zeta i(k), \ i = 1, 2, 3, \cdots, m$$

（7）排关联序。

在灰色关联分析中，因素间的关联程度主要是通过关联度的大小次序来进行描述的，而不仅仅是通过关联度的数值大小来判断。通过对计算得到的各序列之间的关联度进行排序，可以对四川经济高质量发展的结构性影响因素和面临的问题做具体分析。另外关联序的分析价值比关联度更大，更有利于结论的产生。

在具体使用灰色关联分析法进行比对分析之前，需要合理确定自变量序列和因变量序列。

利用四川经济高质量发展水平作为因变量序列 X_0，采用影响经济高质量发展水平的结构性因素指标作为各个自变量序列，对具体序列的定义如下：

（1）因变量序列。

X_0 经济高质量发展水平：本书第五章会对四川经济高质量发展水平进行测算，具体测算结果见表 5-2。

（2）自变量序列。

高质量发展结构：

X_1 投资水平：全社会固定资产投资占四川地区生产总值的比重。

X_2 消费水平：居民人均全年消费性支出。

X_3 出口水平：四川出口总额占地区生产总值的比重。

宏观经济结构：

X_4财政支出水平：当年地方财政一般预算支出占地区生产总值的比重。

X_5城镇化水平：四川省整体城镇化率。

中观经济结构：

X_6第一产业贡献率水平：第一产业增加值占地区生产总值的比重。

X_7第二产业贡献率水平：第二产业增加值占地区生产总值的比重。

X_8第三产业贡献率水平：第三产业增加值占地区生产总值的比重。

微观经济结构：

X_9创新水平：规模以上工业企业 R&D 经费支出占 GDP 的比重。

X_{10}居民福利水平：恩格尔系数。

X_{11}企业获利能力：规模以上工业企业利润总额。

三、实证结果分析

本书分别对因变量序列 X_0 和自变量序列 X_1、X_2、X_3、X_4、X_5、X_6、X_7、X_8、X_9、X_{10}、X_{11}进行无量纲化处理。本书采用均值化的方法进行，处理后得到各自新的序列，即形成新的数据序列矩阵。经处理后的序列如表 4-4 所示。

表 4-4　无量纲化后各序列数据

年份	X_0	X_1	X_2	X_3	X_4	X_5	X_6	X_7	X_8	X_9	X_{10}	X_{11}
2009	1.000	1.000	1.000	1.000	1.000	1.000	1.000	1.000	1.000	1.000	1.000	1.000
2010	0.999	0.931	0.985	0.923	0.976	1.039	0.910	1.062	0.968	1.194	0.977	1.479
2011	1.000	0.847	1.192	0.768	0.876	1.080	0.897	1.104	0.929	0.976	1.006	1.956
2012	1.004	0.890	1.358	0.673	0.900	1.124	0.872	1.088	0.956	1.029	0.999	2.077
2013	1.006	0.939	1.331	0.695	0.929	1.160	0.821	1.083	0.981	1.005	0.979	2.073
2014	1.016	0.973	1.489	0.709	0.939	1.196	0.795	1.039	1.036	1.018	0.864	1.991
2015	1.020	1.018	1.641	0.998	0.983	1.233	0.782	1.018	1.063	1.011	0.870	1.932
2016	1.022	1.041	1.786	1.214	0.958	1.271	0.763	0.942	1.151	0.963	0.852	2.082
2017	1.022	1.022	1.948	0.998	0.927	1.313	0.744	0.894	1.209	0.906	0.824	2.513
2018	1.024	1.024	2.126	0.836	0.941	1.351	0.697	0.870	1.252	0.838	0.786	2.419

根据无量纲化后的各影响因素序列和被影响序列的数据，代入公式计算可以分别得出自变量序列和因变量序列在各个时间序列节点的灰色关联系数，其结果如表 4-5 所示。

表 4-5　各影响因素序列的灰色关联系数

年份	X_1	X_2	X_3	X_4	X_5	X_6	X_7	X_8	X_9	X_{10}	X_{11}
2009	1.000 0	1.000 0	1.000 0	1.000 0	1.000 0	1.000 0	1.000 0	1.000 0	1.000 0	1.000 0	1.000 0
2010	0.916 1	0.981 4	0.907 3	0.970 7	0.949 3	0.893 7	0.921 6	0.960 6	0.792 8	0.970 8	0.608 4
2011	0.829 8	0.795 3	0.762 7	0.857 7	0.903 0	0.879 1	0.877 7	0.913 6	0.968 5	0.992 4	0.438 2
2012	0.867 0	0.678 4	0.692 2	0.877 3	0.861 5	0.849 3	0.899 2	0.939 6	0.968 0	0.992 8	0.410 1
2013	0.917 5	0.696 9	0.705 6	0.906 1	0.828 9	0.800 6	0.906 5	0.966 7	0.998 0	0.964 7	0.411 5
2014	0.945 8	0.611 9	0.708 5	0.906 4	0.804 9	0.771 6	0.969 3	0.972 8	0.996 3	0.830 8	0.433 4
2015	0.997 2	0.545 6	0.972 2	0.953 2	0.778 0	0.758 3	0.998 2	0.944 9	0.988 1	0.832 7	0.449 7
2016	0.974 5	0.493 9	0.795 4	0.921 5	0.749 4	0.742 2	0.903 5	0.852 6	0.926 9	0.814 4	0.412 9
2017	0.999 7	0.446 2	0.968 6	0.886 7	0.719 5	0.728 2	0.853 4	0.799 2	0.865 1	0.790 3	0.333 3
2018	0.999 3	0.403 6	0.798 3	0.899 4	0.694 9	0.695 5	0.828 9	0.766 0	0.800 7	0.757 8	0.348 4

然后依据表 4-5 得到的灰色关联系数，计算得出各因素序列的灰色关联度，并对计算出的灰色关联度按照大小进行排序，排序的次序显示各影响因素序列与因变量序列的关联程度的强弱，其结果如表 4-6 所示。

表 4-6　四川经济高质量发展水平与其结构性影响因素的关联度

次序	影响因素	关联度
1	X_1 投资水平	0.944 7
2	X_9 创新水平	0.930 4
3	X_4 财政支出水平	0.917 9
4	X_7 第二产业贡献率水平	0.915 8
5	X_8 第三产业贡献率水平	0.911 6
6	X_{10}居民福利水平	0.894 7
7	X_3 出口水平	0.831 1
8	X_5 城镇化水平	0.828 9
9	X_6 第一产业贡献率水平	0.811 8
10	X_2 消费水平	0.665 3
11	X_{11}企业获利能力	0.484 6

如表 4-6 所示，$X_1>X_9>X_4>X_7>X_8>X_{10}>X_3>X_5>X_6>X_2>X_{11}$。这表明四川的投资水平与经济高质量发展水平的关联程度最高，创新水平次之，依据次序随

后依次是财政支出水平、第二产业贡献率水平、第三产业贡献率水平、居民福利水平、出口水平、城镇化水平、第一产业贡献率水平、消费水平、企业获利能力。由此结果可知，通过灰色关联分析法得出的关于四川经济高质量发展水平的结构性影响因素的实证分析结果中，对四川经济高质量发展水平提升的影响最大的是投资水平；创新水平对经济高质量发展也有同投资水平一样不可忽视的作用；财政支出水平、第二产业贡献率、第三产业贡献率对四川经济高质量发展水平的提升具有较大的影响；居民福利水平、出口水平、城镇化水平和第一产业贡献率对四川经济高质量发展具有中等程度的影响；消费水平和企业获利能力的影响较弱。

根据灰色关联分析法的结果表明，投资水平对四川经济高质量发展水平的影响最大。投资是经济发展“三驾马车”中的重要组成部分。大规模的资金投入地区发展和城市建设中，加快了地区的现代化进程，也丰富了地区的生产和消费结构，其对区域经济的推动作用巨大。四川近年来在国家和地区财政的支持下，大力开展基础设施建设、工业建设，拉动了资源需求，引来大规模的资金投入四川的城镇化和经济发展的进程中。这些资金除了国内的，还包括国际市场的。四川凭借自身发展优势所创造出来的有利投资环境，已经深得国际市场的青睐，越来越多的国际企业愿意入川开展新的业务，在川建立办事处甚至是地区总部，这为四川带来了大量的高新技术人才。随着城镇化进程加速，大量劳动力进入城市，依靠投资拉动需求也为城市创造了更多的就业机会，使得人们的收入水平提高，消费需求也随之受到刺激而得到大幅增加，从而促进了经济质量的提升。

创新水平对四川经济高质量发展水平提升的影响程度也同样显著，创新不仅是经济保持可持续、高质量发展的关键所在，创新还是决定一个地区未来发展前景的核心要素。经济发展要实现并保持高质量的水平，就必须坚持创新驱动型发展，无论是产业结构通过创新进行优化升级，还是企业通过创新实现战略转型以获得更好的发展前景，抑或是个人通过创新实现全面发展，都必须深谙创新发展的内涵。当前四川发展正是始终坚持创新理念，并深知科技创新对经济社会发展带来的巨大改变和科技创新的巨大潜能，在各行各业的发展中不断提高其自身的自主创新能力，通过创新培育企业发展的动能，并以此提高获利能力和核心竞争力，不断将科技创新的成果向现实生产力和物质资源转化，从而惠及广大的人民群众。四川的产业和企业正在慢慢实现由劳动密集型向知识密集型、技术密集型的转化，倡导科技在部门生产中发挥主导作用，可以使创新发展对四川经济高质量发展水平的驱动能力变得越发强劲。

财政支出水平、第二产业贡献率水平、第三产业贡献率水平对四川经济高质量发展水平的提升具有较高影响。财政支出水平反映政府通过宏观调控的手段平衡经济社会发展的状况。四川运用财政支出推动了各项社会事业的建设，近年来四川医疗、教育、交通、通信等整体建设水平有了很大的提高。宏观调控手段不仅有助于基础设施建设，对经济发展质量的提升也起着举足轻重的作用。四川当前也还处在工业化发展加速阶段，工业在经济社会发展中也还扮演着较为重要的角色，一直以来第二产业对四川的经济贡献作用巨大，尽管近年来第三产业发展迅速并已经逐步超越第二产业，但第二产业的总体增长幅度仍然较大，且依然具有能源资源的产业优势、重化工业的成熟优势以及轻化工业发展迅速的优势，是提升四川经济发展质量的基础。四川的第三产业发展水平在近年来不断得到提升，并已经完全超过第一产业、第二产业对经济的贡献率水平。四川基础设施建设水平大幅提升，吸引了大量外来投资，加速了人员流动，也为第三产业下各行业发展提供了有利环境。尤其是服务行业的发展为四川注入更多消费元素，并丰富了消费结构，使得经济发展质量得到提高。未来四川也将继续推动第三产业的优化升级，通过提供更高质的产品和更优质的服务，进一步拉动消费需求，以此让经济转向高质量发展。

居民福利水平、出口水平、城镇化水平、第一产业贡献率水平对四川经济高质量发展水平的提升具有中等程度影响。居民福利水平可以从侧面反映经济发展的效益，经济社会不断发展，取得的最终成果是要惠及广大人民群众的，使社会中的每一个人都能享受到社会进步和经济发展带来的直接利益和间接效用。四川当前的福利水平虽有所提升，但地区间的福利差异仍然巨大，只有不断健全社会福利体系，使福祉遍及四川各州市、各阶层，才能说四川的经济发展实现了其高质量的内涵。出口水平反映四川经济对外开放的程度，以及四川产业和企业在国际市场中所占有的份额。虽然四川的出口水平正日益提高，但受限于地理环境和交通基础设施仍在建设完善中的事实，出口对于四川经济高质量发展水平的提升仍颇为有限。四川的城镇化建设近年来也是如火如荼地开展着，并已经取得了一定的成就，但与全国城镇化水平以及沿海发达省市城镇化水平相比仍有不小差距，还面临着城镇化发展进程中土地城镇化快于人口城镇化、社会城镇化滞后于空间城镇化等问题，因此现阶段城镇化发展对四川经济高质量发展水平的提升作用有待加强。早期四川依靠农业发展支撑经济的发展，但随着第二产业、第三产业的崛起，以及产业结构不断优化升级，第一产业贡献率水平已经不再有往日的辉煌，农业人口不再占据较高的比例，农村的剩余劳动力已经转向城市从事工业部门或服务行业的工作。另外农业发展所带来的产业附加值以及其自身的发展潜能始终无法与第二产业、第三产业相提并论，自然也就无法对四川经济发展的质量起到较大的推动作用。

消费水平、企业获利能力对四川经济高质量发展水平的提升影响程度最小。消费已然成为“三驾马车”中对经济发展贡献作用最大的一支，透过消费需求拉动的不仅是经济数量的增长，还有经济质量的提升。四川当前的整体消费水平受到地区、城乡收入差距的限制。城镇化进程较快的地区，基础设施完备，经济社会现代化程度高，产业和企业发展良好，城镇居民消费水平自然很高，再加上消费结构多元且服务质量高，这些刺激了消费需求的增长；但地理环境较为偏远、落后且城镇化水平较低的地区，居民收入水平低，社会生活也更单一，无法刺激消费需求，消费水平自然不高。因此由地区及城乡间差距造成的四川整体消费水平不高，也使通过消费拉动经济发展质量的动力不足。企业获利能力透过规模以上工业企业利润总额从微观经济主体的角度反映了四川企业的发展状况。当前四川的企业还是主要集中于资源型、劳动密集型产业，对资源的依赖性依然较高，且众多企业获利均是以大规模的产品生产来实现的。这些产品的技术含量不高、附加值低的特性使得它们无法进入更高端的市场获得更高的利润，企业发展也因此受到限制，对四川经济高质量发展的贡献自然较小。

参考文献

[1] 景维民，王瑶，莫龙炯. 教育人力资本结构、技术转型升级与地区经济高质量发展［J］. 宏观质量研究，2019，7（4）：18-32.

[2] 万光彩，陶云凯，叶龙生. 环境规制、产业转型与安徽经济高质量发展［J］. 华东经济管理，2019，33（11）：24-29.

[3] 张森. 外商直接投资对经济发展的影响研究［D］. 北京：对外经济贸易大学，2019.

[4] 高京燕，桂黄宝. 创新驱动发展水平测度与比较：以河南省为例［J］. 河南社会科学，2019，27（4）：114-118.

[5] 席若定真，陶敏. 四川省经济开放度与经济增长的实证分析［J］. 现代商业，2019（9）：69-70.

[6] 杨芳灿. 我国西部地区基础设施投资的经济增长效应测度研究［D］. 西安：西北大学，2018.

[7] 原毅军，刘柳. 环境规制与经济增长：基于经济型规制分类的研究［J］. 经济评论，2013（1）：27-33.

[8] 黄清煌，高明. 环境规制对经济增长的数量和质量效应：基于联立方程的检验［J］. 经济学家，2016（4）：53-62.

[9] 孙英杰. 试论环境规制与中国经济增长质量提升：基于环境库兹涅茨倒U型曲线［J］. 上海经济研究，2018（3）：84-94.

[10] 袁航，茶洪旺. 中国创新驱动指数的测度［J］. 中国科技论坛，2018（10）：46-52.

[11] 陈银娥，孙琼. 中国基础设施发展水平测算及影响因素：基于省级面板数据的实证研究［J］. 经济地理，2016，36（8）：23-30.

[12] 随洪光，余李，段鹏飞. 外商直接投资、汇率甄别与经济增长质量：基于中国省级样本的经验分析［J］. 经济科学，2017（2）：59-73.

第五章　四川省新型城镇化进程中经济高质量发展综合评价

第一节　新型城镇化进程中经济高质量发展综合评价分析框架

结合新型城镇化背景，充分认识新型城镇化与经济高质量的相互作用，是全面评价四川经济高质量发展水平的基础。经济高质量发展的内涵有狭义和广义之分，狭义上是指经济高质量发展的效率，它一般用全要素生产率（TFP）来衡量。广义上的经济高质量发展具有丰富的综合性内涵。本书结合研究对象，并借助国内外经济高质量发展的多维度评价分析结果，继续拓展新型城镇化过程中经济高质量发展的分析模型，将“以人为本、可持续、包容、高效”的概念与评价对象进行结合，力求能在新型城镇化过程中更加科学合理地评价高质量的经济发展。

城镇化发展模式深刻影响着对经济高质量发展方式的具体解释。城镇化发展模式的变革直接作用于经济高质量发展模式的更新，城镇化发展模式发生改变，经济高质量发展模式也会不断调整，继而改变过度追求规模、数量和速度的经济发展模式。要实现城镇可持续发展的目标，就必须抛弃传统的城镇化发展模式，推动经济高质量发展，从而走新型城镇化发展道路，并在此过程中陆续处理遭遇的各种问题和挑战，在新型城镇化的进程中，推动对经济高质量发展的追求。

若要客观评价新型城镇化进程中四川省经济高质量发展水平，应准确把握新型城镇化与经济高质量发展的关系。本书紧密联系新型城镇化的改善与经济高质量的发展，建立了客观科学的经济高质量发展评价指标体系。

我国现代化建设的关键组成部分就是城镇化。实现高品质的城镇化，是步人高收入水平、实现中国梦的唯一途径。故我国亟待变更城镇化发展模式，建设以“以人为本、可持续、高效、包容”为主题的中国特色新型城镇化社会。

我国新型城镇化道路实质上不会改变经济发展速度减缓的趋势，只能一定程度上降低发展放缓的速率，以便在短暂时间内避免经济过度衰败。新型城镇化最大的价值在于有效提高我国经济发展的质量，经济高质量发展的重点价值判别是以人为核心，实际价值判别包含可持续、包容、高效等内容。重点价值判别与实际价值判别共同组成的价值判别标准体系可用来判断经济高质量发展的价值水平。综上所述，经济高质量发展的概念特点同新型城镇化的概念特点具有显著的相似性，两者的共通部分促进了四川省经济在新型城镇化进程中的高质量发展[1]。

本书将对新型城镇化进程中四川省经济高质量发展的评价划分为条件、过程、结果三个方面并进行了具体分析。归纳总结可得经济高质量发展的内容涵盖了3个层面和6项要素。就经济高质量发展条件层面讨论，经济高质量发展重点包含经济高质量发展的城镇化驱动力；就经济高质量发展过程层面讨论，经济高质量发展包含高质量经济发展稳定性、经济高质量发展可持续性、经济高质量发展结构；就经济高质量发展结果层面讨论，包括人民的生活福利水平以及发展的资源、生态环境成本。基于此可以评价四川省经济在新型城镇化进程中的高质量发展状况。另外，研究分析四川省经济的定量测量结果，并且按照所得结论，寻找阻碍四川省经济高质量发展的因素，可以有针对性地提出科学建议。经济高质量发展的城镇化驱动程度主要从四大途径作用于经济高质量发展。人口城镇化提高了居民消费能力，优化了消费结构，促进了四川省经济高质量发展水平的上升；空间城镇化拓展了城市规模，这导致了基础设施投资的增加和投资结构的改善，经济的优化将进一步提高经济发展质量；经济城镇化及社会城镇化推动了四川城镇化质量，进而促进经济高质量发展。

经济高质量发展的结构、稳定性以及可持续性作为四川省经济高质量发展的动力源泉，其影响主要体现如下：经济高质量发展结构可以提升四川省高质量经济发展水平，首先优化产业结构以及投资、消费结构，对于经济高质量发展的质量来说最具有直接性；其次变革金融结构和国际收支能够通过国内经济间接促进四川省经济高质量发展。经济高质量发展的稳定性对四川省高质量经济发展程度的作用体现在三个方面，四川省经济高质量发展的变化可以通过产出波动观察，四川省消费者生活状况及企业生产经营状况由价格波动得以体现，四川省人民的工作状况从就业波动中反映出来。经济高质量发展的可持续性对四川经济高质量发展的作用效果体现在研发水平和教育支撑上，前者体现着经济高质量发展的技术规模，为经济高质量发展提供坚实后盾；而当下人才竞争激烈，因此后者才是四川省经济高质量发展的根本所在。

人民生活福利水平以及资源生态环境成本对于四川省经济高质量发展产生了最直接的影响。在经济高质量发展的过程中，人民生活水平可直接反映出四川人目前真实的生活情形；而人民福利水平可以体现出四川省经济高质量发展成果共享情况，以及现有发展方式是否惠及全体人民。资源的消耗状况，可以反映出四川省经济高质量发展是否能实现资源合理利用，提高资源的利用效率可以促进区域经济发展的质量水平；四川省经济高质量发展对现有生态环境的破坏情况可以从生态修复成本中得到体现，原因在于某个区域的环境质量能够直接反映该区域经济高质量发展的好坏。

第二节　新型城镇化进程中四川经济高质量发展综合评价实证分析

一、评价指标体系的构建及数据处理

1. 经济高质量发展评价指标体系的构建

本书构建的经济高质量发展评价指标体系，首先基于经济高质量发展内涵和新型城镇化内涵之间的相关性，其次基于构建的新型城镇化进程中四川经济高质量发展评价的理论框架。在新的时代背景下，中国社会正处于转型升级的关键时期，所以给予了我国经济社会一个较大的发展机会，即使当前的经济社会正面临多种多样的挑战，但仍然具有很大的可发展的空间。因此，建立经济高质量发展指标体系，是基于对本书阐释的研究背景和逻辑关系的深入了解，并将两者紧密联系在一起的。目前“可持续性”和“城镇化动力”两个系统层指标是中国社会经济高质量发展主要集中点。建立新型城镇化进程中四川省经济高质量发展评价指标体系，首先要遵守相关原则，包含系统性、实用性、可行性、科学性等，才能建立一个完整、全面的指标体系。本书通过综合性的分析，分别设计出一级 5 个系统层指标，二级 12 个准则层指标，三级 37 个具体指标，共同构成经济高质量发展评价指标体系，详细内容如表 5-1 所示。

表 5-1 新型城镇化进程中四川经济高质量发展评价指标体系

目标层	系统层	准则层	指标层	单位	属性	权重
四川省新型城镇化进程中经济高质量发展水平研究	经济高质量发展的结构	产业结构	第一产业比较劳动生产率	—	+	0.041
			第二产业比较劳动生产率	—	+	0.018
			第三产业比较劳动生产率	—	+	0.040
			二元对比系数	—	+	0.040
			二元反差指数	—	-	0.020
			投资率	%	+	0.017
		金融结构	存款余额占 GDP 比重	%	+	0.015
			贷款余额占 GDP 比重	%	+	0.035
			进出口总额占 GDP 比重	%	+	0.032
		价格波动	消费者物价指数	%	-	0.022
			生产者物价指数	%	-	0.019
	经济高质量发展可持续性	研发水平	专利申请授权数	件	+	0.035
			科技支出占财政支出比重	%	+	0.085
			研发经费支出占 GDP 比重	%	+	0.025
		教育支持	人均教育经费	元/人	+	0.035
			每十万人高等学校在校生数	人	+	0.022
	经济高质量发展的城镇化动力	人口城镇化	城镇化率	%	+	0.025
			人均拥有建成区面积	㎡	+	0.034
		经济城镇化	工业增加值占 GDP 比重	%	+	0.019
			第三产业增加值占 GDP 比重	%	+	0.028
		社会城镇化	城镇居民人均可支配收入	元	+	0.031
			人均公园绿地面积	㎡	+	0.026
	经济高质量发展的人民生活福利水平	福利分配	人均 GDP	元	+	0.029
			人口死亡率	%	-	0.033
			每千人口卫生技术人员	人	+	0.032
			医院、卫生院床位数	张/万人	+	0.028
		人民生活	城乡收入比	—	-	0.026
			城乡消费水平比	—	-	0.028
			恩格尔系数	%	-	0.023
	经济高质量发展的资源与生态环境成本	资源消耗	建成区绿化覆盖率	%	+	0.017
			单位地区生产总值电耗	倍数	-	0.017
			单位产出能耗比	倍数	-	0.017
		环境污染	工业固体废物综合利用率	%	+	0.035
			单位产出大气污染程度	倍数	-	0.014
			单位产出污水排放数	倍数	-	0.015
			单位产出固体废物排放数	倍数	-	0.022

2. 数据处理及指标赋权

本书采用极值法对指标数据进行无量纲化处理，指标数据处理公式如下：

$$\text{正指标：} y_{ij} = \frac{x_{ij} - \min(x_{ij}, \cdots, x_{mj})}{\max(x_{1j}, \cdots, x_{mj}) - \min(x_{1j}, \cdots, x_{mj})} + 0.01$$

逆指标：$y_{ij}=\frac{\max(x_{1j},\ \cdots,\ x_{mj})-x_{ij}}{\max(x_{1j},\ \cdots,\ x_{mj})-\min(x_{1j},\ \cdots,\ x_{mj})}+0.01$

y_{it} 表示第 i 年第 j 项指标无量纲化后的值；x_{it} 表示第 i 年第 j 项指标的实际值。二者分别为各指标中的最大值、最小值[2]。

本书采用适用范围广的熵权法进行权重确定，权数熵权的确定基于充分利用每个评价指标提供的信息，从而达到客观确定其权重的目的。指标体系中各项指标的重要性可以从客观角度反映出来，并且指标权重随着时间的变化而变化，也能清楚地反映出来，因此适合用于研究经济高质量发展。指标权重的计算步骤如下：

（1）计算信息熵：$H_j=-k\sum_{i=1}^{m}p_{ij}\ln p_{ij}$，式中 $p_{ij}=\frac{y_{ij}}{\sum_{i=1}^{m}y_{ij}}$；$k=\frac{1}{\ln m}$

（2）定义指标j的权重：$w_j=\frac{1-H_j}{\sum_{j=1}^{n}(1-H_j)}$，式中 $w_j\in[0,\ 1]$，且 $\sum_{j=1}^{n}=1$

其中，年份由 m 来表示，指标数由 n 来表示。依靠熵权法来计算权重，从而得到的具体指标权重值见表 5-1。

二、四川经济高质量发展评价模型

本书对新型城镇化进程中四川省的经济高质量发展利用熵权 TOPSIS 法进行测度。评价对象的排序用 TOPSIS 法利用逼近理想解的方式来确定，经济高质量发展指数值通过计算出的贴近度来表示，进而做出优劣评价。

经济高质量发展评价模型构建步骤如下：

(1)计算加权矩阵：$R=(r_{ij})_{m\times n}, r_{ij}=w_j\cdot y_{ij}(i=1,2,\cdots,m;j=1,2,\cdots,n)$

（2）确定最优解 S_j^+ 和最劣解 S_j^-：$S_j^+=\max(r_{1j},\ r_{2j},\ \cdots,\ r_{nj})$，$S_j^-=\min(r_{1j},\ r_{2j},\ \cdots,\ r_{nj})$

（3）计算各方案与最优解和最劣解的欧式距离：

$$sep_i^+=\sqrt{\sum_{j=1}^{n}(s_j^+-r_{ij})^2},\ sep_i^-=\sqrt{\sum_{j=1}^{n}(s_j^--r_{ij})^2}$$

（4）计算综合评价指数：$QEG_i=\frac{sep_i^-}{sep_i^++sep_i^-}$，$QEG_i\in[0,\ 1]$

经济高质量发展水平，由经济高质量发展综合评价指数（QEG_i）（用于描述理想距离与负理想距离的综合效应）来反映。QEG_i 值越大，表示经济高质量发展水平越高，评价结果越优良；反之，经济高质量发展水平就越低。

三、四川经济高质量发展评价结果及分析

本书使用的数据来自2007—2018年这12年的《中国统计年鉴》《四川统计年鉴》《中国环境统计年鉴》等。本节利用上节内容所介绍的模型，对四川的经济高质量发展进行评价，首先根据该模型，按步骤计算出2007—2018年四川省新型城镇化进程中经济高质量发展指数值及系统层指标指数值（见表5-2）；其次再依据表5-2中显示的结果，描绘出经济高质量发展的动态趋势图（见图5-1）。

表5-2 2007—2018年新型城镇化进程中四川经济高质量发展指数值

年份	经济增长的资源与生态环境成本	经济增长的人民生活福利水平	经济增长的城镇化动力	经济高质量发展的结构	经济高质量发展的可持续性	经济高质量发展水平
2007	0.928	0.959	0.956	0.970	0.431	0.948
2008	0.957	0.781	0.961	0.970	0.623	0.940
2009	0.981	0.941	0.954	0.983	0.849	0.960
2010	0.987	0.940	0.973	0.973	0.883	0.959
2011	0.987	0.946	0.976	0.969	0.877	0.960
2012	0.985	0.962	0.977	0.969	0.910	0.964
2013	0.986	0.970	0.978	0.967	0.922	0.966
2014	0.983	0.976	0.978	0.970	0.976	0.975
2015	0.986	0.982	0.980	0.969	0.992	0.979
2016	0.989	0.983	0.979	0.969	0.995	0.981
2017	0.986	0.986	0.979	0.970	0.997	0.981
2018	0.986	0.987	0.981	0.973	0.996	0.983

研究发现，新型城镇化进程中四川经济高质量发展呈现如下特征：

（1）四川经济高质量发展水平总体呈现上升趋势。四川经济高质量发展水平指数值由2007年的0.948上升至2018年的0.983，总体保持稳步增长。具体来看，2007—2008年经济高质量发展水平略有降低，主要是因为促进经济高质量发展的主要途径在于投资、消费和出口三种方式，由于2008年不仅全球爆发了严重的经济危机，四川还经历汶川大地震，国内外经济环境的恶

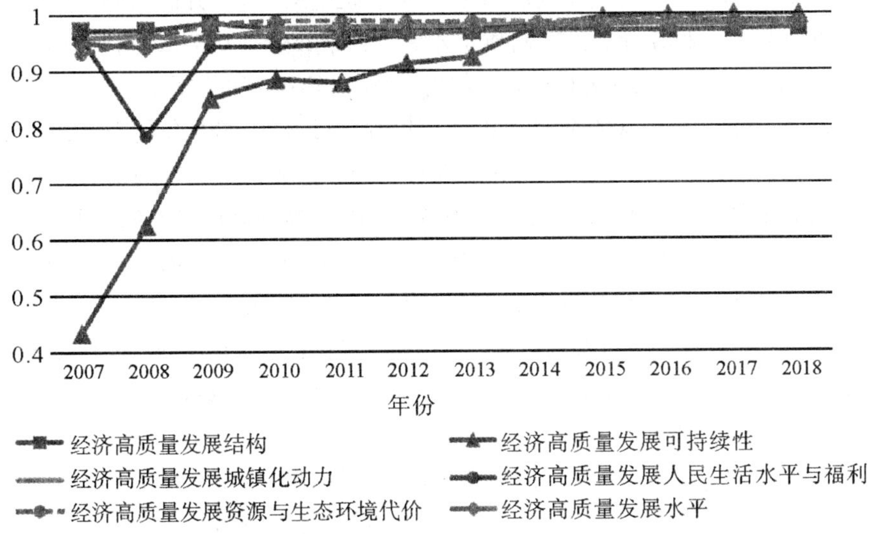

图 5-1　2007—2018 年新型城镇化进程中四川经济高质量发展指数值变动趋势

化，使得三种有效手段对经济的拉动能力有所减弱，四川进、出口贸易交易额均有所下滑。四川经济高质量发展结构虽然在逐步完善，并且多个领域的发展也在加快，但是体制改革仍然滞后，特别是经济体制和行政体制，所以四川经济活力并没有完全激发。

从 2008 年到 2011 年，四川经济高质量发展水平显著提高，主要是由于全球经济危机的爆发，国家出台了多项强有力的刺激经济的措施。四川省各行各业的发展趋势有所好转，促进了经济高质量发展。2012 年到 2016 年四川经济高质量发展态势持续向好，主要原因在于，新一届政府提出的经济改革措施重点强调了经济结构需要调整优化，才能确保经济稳定增长；同时对经济发展的质量有必要加大关注力度，减弱对经济发展速度和规模的依赖。经济结构的优化是四川省最注重的方面，不断对产业结构进行完善和升级，才能实现经济高质量发展逐年增长的目的。2017 年到 2018 年四川经济高质量发展稳定上升的主要原因在于党的十九大第一次明确了高质量概念的表述，指出中国经济已从高速增长阶段转向高质量发展阶段。2017 年四川省第十一届委员会第三次全体会议通过关于全面推动高质量发展的决议。2018 年四川经济高质量发展水平也创 12 年间历史新高，数据突破 0.98，创造了 0.983 的巅峰点。这从另一方面证实了四川省经过多年的改革，尤其在经济、政治体制层面上，不仅促使四川省的经济发展迎来了前所未有的机会，还使得经济质量发展水平也达到了前所未有的高度。

（2）四川省经济高质量发展结构指数总体虽然呈现上升的态势，但是波动的幅度较大。2007 年，经济高质量发展结构指数值是 0.970，到了 2018 年则上涨到了 0.473。具体分析可知，四川经济高质量发展的结构指数从 2007 年到 2009 年逐渐上升，2009 年达到 0.983 的较高值，并且 2009 年的指数值为 12 年间的最高值；2010—2014 年呈先下降再上升的趋势，2013 年的指数值有所下降并且下降幅度为 12 年间最大；2015—2018 年经济高质量发展有所上升。从 2012 年到 2014 年，四川省经济结构性指数呈先下降再上升的趋势。2015 年到 2018 年，四川省结构性指数呈稳定上升的态势，主要是因为四川加快了经济体制改革的速度，经济发展更加注重结构的优化；对于速度的重视程度逐步弱化，不断优化四川省过去经济发展的结构，取得明显的成效。经过三年的适应与改革，四川的经济高质量发展结构性指数有所回升。

（3）四川经济高质量发展的城镇化动力指数总体趋势为上升。2007 年指数值是 0.956，2018 年指数值则达到 0.981，12 年来，四川经济高质量发展的城镇化动力指数值增加了 0.025，年均增加 0.002。具体来说，这 12 年间四川经济高质量发展的城镇化动力指数值虽出现一定程度的波动，但从总体来看最终呈现上升趋势。2007—2009 年出现先上升后下降的态势，主要是因为 2006 年中国提出新型城镇化发展战略之后，中国的城镇化增长速度迅猛，并且城镇化的质量不断优化，使得四川省在城镇化发展方面取得了跨越式的进步；但受到 2008 年汶川地震的影响，2008—2009 年动力指数略有下降；2010—2015 年城镇化动力指数值保持较快的增长速度并稳定在较高的水平上；2015—2018 年城镇化动力指数值呈现先下降再上升的态势。虽出现略微浮动，但就总体而言，依托于城镇化的贡献，四川省经过长时间的城镇化建设，经济高质量发展的水平得到进一步提高。

（4）四川省经济高质量发展的人民生活福利水平指数总体趋势上升。2007 年，该指数值是 0.959，2018 年该指数值为 0.987，在这十二年中，四川经济高质量发展的人民生活水平与福利指数值增长了 1.03 倍，具体数值增长了 0.028，年均增加 0.002。总体来看，2007—2008 年，四川经济高质量发展的人民生活福利水平指数值在不断下滑，2008 年下降到 0.781，下降浮动较大，说明汶川大地震一定程度上影响了居民的生活水平及社会的经济发展；四川的经济高质量发展对四川百姓的惠及力度不足，人们的生活水平仍然处于较低的水平，全球经济危机对国内民众产生了较大的负面影响，不论是生产还是生活方面，主要表现在：物价波动幅度较大、收入下降、失业率上升。从 2009 年到 2018 年，指数值从 0.941 稳定上升到 0.987，上升幅度大。面对经济危机，为了达到稳定经济社会的目的，四川采取了一系列刺激经济的措施，使人民生活水平与福利稳定增长。

（5）四川经济高质量发展的资源与生态环境成本指数值总体趋势为上升。2007 年，该指数值为 0.928，2018 年则达到了 0.986，12 年来，该指数值增长了 1.063 倍，且具体数值增长了 0.058，年均增长 0.005。总体来看，2007—2011 年四川经济高质量发展的资源与生态环境成本指数值呈上升态势；2011—2012 年持续下降，2012 年下降到 0.985；2013 年指数值开始回升；2014 年指数值下降最大，降至 0.983；2014—2016 年稳步上升，且 2016 年上升至 12 年间最高水平，达到 0.989；2017 年指数值开始出现回落；到 2018 年，这一水平保持不变。这 12 年中，四川的资源与生态环境成本指数总体趋势为上升，即使指数值在某些时期有所下降。所以，这表明四川在发展经济的同时，对生态环境的保护也给予了足够的重视，明确认识到只有将经济发展与生态环境保护相协调，才能够持续促进经济高质量发展。

（6）经济高质量发展可持续性指数值总体呈现上升态势，2007 年的经济增长可持续指数值较低，仅为 0.431，12 年间增加了 2.31 倍，年均增加 0.19；2018 年经济增长可持续指数值上升达到了 0.996。综合来看，四川的经济高质量发展可持续指数值与其他的指标相比上升幅度最大，这也说明了四川经济高质量发展的可持续性较强。具体来看，四川的经济高质量可持续性指数值不仅增长的幅度较大，并且也体现出增长速度较快的优势，这表明四川省具有巨大的可持续发展潜力。

四、四川经济高质量增长质量与数量的变动关系分析

中国共产党第十九次全国代表大会在 2017 年召开，会上首次提出中国经济已从高速增长阶段转向高质量发展阶段。近年来，四川蓬勃发展的经济使得其经济社会获得了长足的进步。过去，四川在经济增长方面展示出来的更多是不一致性，尤其针对数量与质量方面，主要表现出来的经济增长模式为高速度、低质量，这给四川未来经济的长期健康发展带来了潜在风险。因此，为了对研究的内容更加科学、合理地进行分析，有必要对四川经济增长的变化关系进一步深入讨论，尤其是数量与质量的变化。本书将从以下两个方面进行描述。

（1）首先，想要分析经济增长中质量与数量之间的关系，必须将上节内容中计算得到的经济增长质量综合评价指数（QEG）与国内生产总值（GDP）的变化情况进行比较。由表5-3 中的数据可以看出，四川省经济增长的质量与

数量的值，在2007年至2018年，虽然表现出逐年增长的态势，但增长的幅度却有所不同。从2007年到2018年，四川省经济增长数量年均增长率达到12.83%，经济高质量发展水平指数年均增长率达到0.3%。这表明，过去12年间，四川经济增长的质量与数量之间存着明显的差异，并且在经济发展方面过于重视经济增长的数量，在很大程度上忽略了对经济增长质量的提升[3-4]。

表5-3 2007—2018年四川经济高质量增长水平与经济增长数量对比

年份	经济高质量增长水平（QEG）	经济增长数量（GDP）
2007	0.948	8 690.240
2008	0.940	10 562.39
2009	0.960	12 601.23
2010	0.959	14 151.28
2011	0.960	17 185.48
2012	0.964	21 026.68
2013	0.966	23 872.80
2014	0.975	26 392.07
2015	0.979	28 536.66
2016	0.981	30 053.10
2017	0.981	32 934.54
2018	0.983	36 980.22

（2）本书借鉴了2012年任保平和魏婕的研究，深入研究了经济增长质量与经济增长数量，扩张不同步系数计算方法。依靠学者先前的研究结果，可计算出四川省经济增长不同步系数（ε）。经济增长不同步系数计算公式：

$$\varepsilon = \frac{(QEG_{n+1} - QEG_n)\ /QEG_n}{(GDP_{n+1} - GDP_n)\ /GDP_n} - 1$$

经济增长不同步系数由上面公式中的ε来表示，经济增长质量指数由QEG表示，经济增长的数量由GDP表示，年份由n表示。当$\varepsilon = 0$时表示经济质量与数量同步增长，$\varepsilon > 0$表示经济数量增长速度小于质量增长速度，$\varepsilon < 0$表示经济数量增长速度大于质量增长速度。

根据上述计算公式，计算出2008—2018年四川经济增长数量与质量之间的不同步系数（见表5-4），其趋势具体变化如图5-2所示。

表 5-4　2008—2018 年四川经济增长数量与质量之间的不同步系数

年份	2008	2009	2010	2011	2012	2013
不同步系数	-1.04	-0.82	-1.00	-1.00	-0.97	-0.98
年份	2014	2015	2016	2017	2018	
不同步系数	-0.88	-0.93	-0.99	-0.99	-0.99	

图 5-2　2008—2018 年四川经济发展质量水平与经济增长数量不同步系数变化趋势

从表 5-4 和图 5-2 中可以看出，四川 2008—2018 年经济增长不同步系数总体趋于稳定，仅 2009 年出现了小范围波动。从趋势图 5-2 中可以看出，不同步系数一直在负值区域平缓波动。以上结果显示，2008—2018 年数量扩张是四川经济增长的主要方式。2017 年 10 月召开的中共十九大明确经济由高速增长转变为高质量增长。2018 年 6 月 30 日四川省委第十一届委员会通过全面推动高质量发展的决定，提出要关注经济增长的质量，提高投入产出的效率和质量将是四川迈向高质量增长的重要举措，通过全面实施各项举措，预计 2019 年之后不同步系数将稳步上升至正值。

第三节　新型城镇化进程中四川经济高质量发展横向比较分析

一、研究范围

本书的研究区域为西南地区四省份，包括四川、重庆、贵州和云南。西南地区是我国经济发展较落后的地区，该区域的个体经济增长质量牵动着中国整体的经济增长质量，对全面建成小康社会的历史任务有着巨大影响。西南省市的经济发展是近年来研究的热点。本书通过四川省同云、贵、渝的比较，研究目前四川省经济增长质量在西南地区的排名情况，并为四川省明确自身发展定位、探索未来前进方向提供可行性意见。

二、经济高质量发展比较结果与分析

本书使用的原始数据来源于西南地区四省份的统计年鉴以及国家统计年鉴，如《中国统计年鉴》《四川统计年鉴》等，实证数据选取时长范围为2008—2019年。首先本书利用建立的综合评价指标体系，结合熵权TOPSIS法，通过计算得到西南地区四省份新型城镇化进程中的经济高质量发展水平指数、经济增长的结构性指数、经济增长的城镇化动力指数、经济增长的可持续性指数、经济增长的人民生活福利水平指数和经济增长的资源与生态环境成本指数2007—2018年的数值，分别如表5-5、表5-7、表5-9、表5-11、表5-13和表5-15所示。接着本书结合西南地区四省份各指标值的变化趋势绘制图表，分别如图5-3、图5-4、图5-5、图5-6、图5-7、图5-8所示。最后本书利用SPASS软件聚类各指标值，得到西南地区四省份指标值的层次分布情况，如表5-6、表5-8、表5-10、表5-12、表5-14、表5-16所示。

1. 西南地区四省份经济高质量发展水平比较分析（见表5-5）

表5-5　2007—2018年西南地区四省份的经济高质量发展水平指数值

年份	四川	云南	重庆	贵州
2007	0.948 (3)	0.953 (2)	0.938 (4)	0.985 (1)
2008	0.940 (4)	0.954 (1)	0.944 (3)	0.945 (2)

表5-5(续)

年份	四川	云南	重庆	贵州
2009	0. 960 (2)	0. 960 (2)	0. 961 (1)	0. 952 (3)
2010	0. 959 (2)	0. 958 (3)	0. 963 (1)	0. 945 (4)
2011	0. 960 (3)	0. 964 (2)	0. 965 (1)	0. 954 (4)
2012	0. 964 (3)	0. 968 (2)	0. 973 (1)	0. 964 (3)
2013	0. 966 (4)	0. 975 (2)	0. 978 (1)	0. 970 (3)
2014	0. 975 (3)	0. 977 (2)	0. 978 (1)	0. 972 (4)
2015	0. 979 (3)	0. 980 (2)	0. 981 (1)	0. 980 (2)
2016	0. 981 (2)	0. 981 (2)	0. 983 (1)	0. 983 (1)
2017	0. 981 (3)	0. 981 (3)	0. 982 (2)	0. 986 (1)
2018	0. 983 (3)	0. 981 (4)	0. 984 (2)	0. 988 (1)

注：括号内数字表示当年该省份经济高质量发展水平在西南地区四省份中的排名。

按照表 5-5 中计算得到的经济高质量发展水平指数值，画出的西南地区四省份经济高质量发展水平变动趋势如图 5-3 所示。

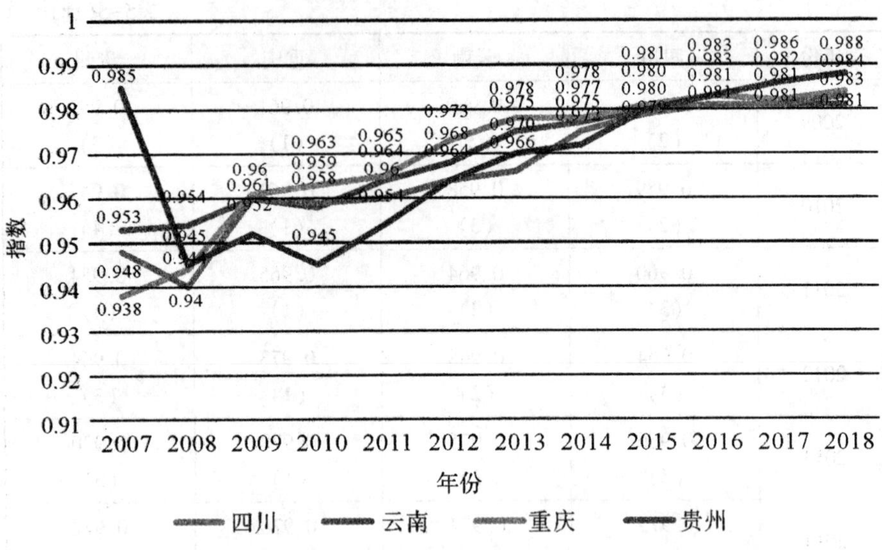

图 5-3　2007—2018 年西南地区四省份的经济高质量发展水平指数值变动趋势

本书通过 SPSS 软件聚类分析表 5-5 中计算得到的经济高质量发展水平指数值，将西南地区四省份的经济高质量发展水平划分成三个级别，如表 5-6 所示。

表 5-6　2007—2018 年西南地区四省份的经济高质量发展水平等级划分

年份	经济高质量发展水平等级高	经济高质量发展水平等级中等	经济高质量发展水平等级低
2007	云南	贵州、四川	重庆
2008	云南	贵州、重庆	四川
2009	四川、云南、重庆	贵州	
2010	重庆	四川、云南	贵州
2011	云南、重庆	四川	贵州
2012	重庆	贵州、云南	四川
2013	云南、重庆	贵州、四川	
2014	云南、重庆	四川	贵州
2015	重庆	贵州、云南	四川

表5-6(续)

年份	经济高质量发展水平等级高	经济高质量发展水平等级中等	经济高质量发展水平等级低
2016	贵州、重庆	四川、云南	
2017	贵州	重庆	四川、云南
2018	贵州	四川、重庆	云南

依据表 5-5、图 5-3 和表 5-6 可以得到如下结论：

（1）2007—2018 年西南地区四省份经济高质量发展水平整体处于上升态势，并且各省份的排名也出现较为明显的变化。重庆经济高质量发展水平长期处于第一的位置，其经济高质量发展水平指数值从 0.938 上升到 0.984，上升幅度最大。在 2007 年，重庆经济高质量发展水平还较为落后，但 2009 年却跻身第一，2017 年以及 2018 年产生较大波动，落后于贵州。2007—2018 年云南、四川与贵州各有领先的时期，三者经济高质量发展水平指数值分别从 0.953 上涨到 0.981，从 0.948 上升到 0.983，从 0.985 上涨到 0.988。四川、云南上升幅度较大，贵州上升幅度较小。云南省在 2007—2018 年，经济高质量发展水平指数值一直稳定上升，但排名有波动，整体上呈下降趋势；四川省排名的变化幅度最小，长期处于中等的位置；贵州排名变化幅度最大，2007—2015 年贵州一直处于中下游水平，2016 年贵州超过重庆来到第一的位置。

（2）西南地区四省份的经济高质量发展水平在 2007—2018 年的变动趋势为总体上升。重庆、四川、贵州经济高质量发展水平指数值在 2011 年之前在西南地区四省份平均水平以下波动，2011 年之后均在西南地区四省份平均水平以上变化。

（3）本书使用 SPSS 软件对西南地区四省份经济高质量发展水平指数值进行聚类分析，将西南地区四省份划分为经济高质量发展水平高、中等、低三个等级区域。2007 年云南省位于经济高质量发展水平高等级区域，贵州和四川处于经济高质量水平发展中等区域，重庆则位于经济高质量发展水平低等级区域。2011 年云南和重庆位于经济高质量发展水平高等级区域，在经济高质量发展水平中等区域的依然是四川省。2015 年，位于高质量发展水平高等级区域的仅有重庆，贵州和云南位于中等区域，四川位于低等级的区域。2018 年贵州位于经济高质量发展水平高等级区域，四川和重庆位于中等区域，云南位于低等级区域。

2. 西南地区四省份经济高质量发展的结构性比较分析（见表 5-7）

表 5-7　2007—2018 年西南地区四省份经济高质量发展的结构性指数值

年份	四川	云南	重庆	贵州
2007	0.970 （1）	0.969 （2）	0.967 （4）	0.968 （3）
2008	0.970 （1）	0.967 （2）	0.963 （4）	0.964 （3）
2009	0.983 （1）	0.980 （2）	0.976 （3）	0.968 （4）
2010	0.973 （1）	0.969 （2）	0.964 （3）	0.959 （4）
2011	0.969 （1）	0.962 （2）	0.958 （3）	0.957 （4）
2012	0.969 （2）	0.974 （1）	0.966 （4）	0.968 （3）
2013	0.967 （2）	0.979 （1）	0.967 （2）	0.966 （3）
2014	0.970 （3）	0.978 （1）	0.967 （4）	0.973 （2）
2015	0.969 （3）	0.978 （2）	0.967 （4）	0.983 （1）
2016	0.969 （3）	0.975 （2）	0.969 （3）	0.980 （1）
2017	0.970 （3）	0.972 （2）	0.964 （4）	0.978 （1）
2018	0.973 （2）	0.972 （3）	0.965 （4）	0.978 （1）

注：括号内数字表示当年该省份结构性指数在西南地区四省份中的排名。

本书按照表 5-7 中计算得到的经济高质量发展的结构性指数值，画出的西南地区四省份经济增长的结构性变动趋势如图 5-4 所示。

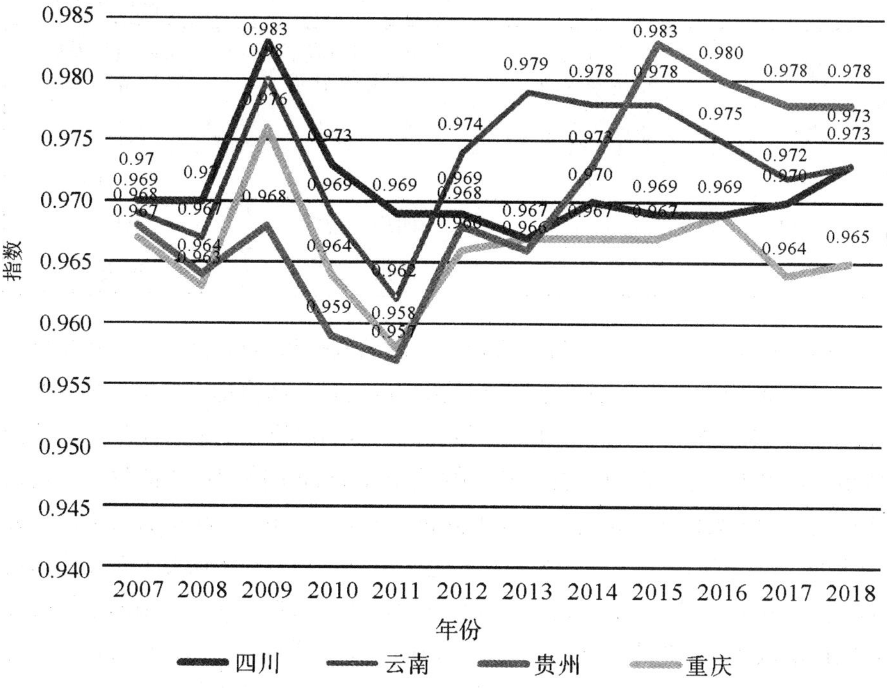

图 5-4　2007—2018 年西南地区四省份经济高质量发展的结构性指数变动趋势

本书通过 SPSS 软件聚类分析表 5-7 中计算得到的经济高质量发展的结构性指数值，将西南地区四省份的经济高质量发展的结构水平划分成三个级别，如表 5-8 所示。

表 5-8　西南地区四省份经济高质量发展的结构等级划分

年份	经济高质量发展结构等级高	经济高质量发展结构等级中等	经济高质量发展结构等级低
2007	云南、四川	贵州、重庆	
2008	四川	云南	贵州、重庆
2009	四川、云南	重庆	贵州
2010	四川、云南	贵州、重庆	
2011	四川	云南	贵州、重庆
2012	云南	贵州、四川	重庆
2013	云南	四川、重庆、贵州	
2014	云南	贵州	四川、重庆

表5-8(续)

年份	经济高质量发展结构等级高	经济高质量发展结构等级中等	经济高质量发展结构等级低
2015	贵州、云南	四川、重庆	
2016	贵州	云南	四川、重庆
2017	贵州	四川、云南	重庆
2018	贵州	四川、云南	重庆

（1）西南地区四省份经济高质量发展的结构性指数值在2007—2018年的变动趋势呈“N”字形。四川省结构性指数值很长时间内都占据第一位，2007年高达0.970，2007—2011年指数值虽有波动但均居第一；随后几年结构性指数值总体趋于缓慢下降再上升，到2014年排名已经下降到第3的位置。贵州省的结构性指数值波动显著，呈先下降再上升趋势，由2009年的第4位上升到2015年的第1位，自2015年后一直稳居第一，表明贵州加大了对经济结构的关注及升级转型力度，从而经济发展成果颇丰。长期以来，云南的结构指标值在西南地区四省份中靠前，这显示云南的经济高质量发展结构保持良好，有力推动着经济高质量发展。重庆市结构指数在西南地区四省份中长期偏低，反映出重庆市经济高质量发展结构很不完善，缺乏对经济高质量发展的带动能力。

（2）西南地区四省份2007—2016年结构性指数变动趋势明显，并且大部分省份波动的幅度较大，其中云南、重庆的下降幅度最大。西南地区四省份总体的经济高质量发展结构水平良好。

（3）2007年，经济高质量发展的结构性等级最高的是四川、云南，贵州和重庆则形成了一条集中连片的中等区域。2011年结构等级高的区域依旧是四川省，贵州和重庆为结构等级低的区域，云南省为结构等级中等的区域。2015年，结构性等级高的区域扩大至两个，即贵州、云南，四川和重庆是等级中等的区域。2018年，贵州是唯一结构等级高的区域，四川和云南形成集中连片的结构等级中等区域，而重庆则为结构等级低的区域。

3. 西南地区四省份经济高质量发展的城镇化动力比较分析（见表 5-9）

表 5-9　2007—2018 年西南地区四省份经济高质量发展的城镇化动力指数值

年份	四川	云南	重庆	贵州
2007	0.956 （1）	0.935 （2）	0.741 （3）	0.935 （2）
2008	0.961 （1）	0.942 （2）	0.904 （3）	0.942 （2）
2009	0.954 （2）	0.946 （4）	0.960 （1）	0.953 （3）
2010	0.973 （1）	0.958 （3）	0.972 （2）	0.932 （4）
2011	0.976 （2）	0.970 （3）	0.983 （1）	0.964 （4）
2012	0.977 （2）	0.971 （3）	0.985 （1）	0.968 （4）
2013	0.978 （2）	0.977 （3）	0.984 （1）	0.974 （4）
2014	0.978 （3）	0.981 （2）	0.983 （1）	0.970 （4）
2015	0.980 （2）	0.985 （1）	0.985 （1）	0.976 （3）
2016	0.979 （4）	0.988 （1）	0.986 （2）	0.981 （3）
2017	0.979 （3）	0.988 （1）	0.988 （1）	0.985 （2）
2018	0.981 （4）	0.988 （2）	0.987 （3）	0.992 （1）

注：括号内数字表示当年该省份城镇化动力指数在西南地区四省份中的排名。

本书按照表 5-9 中计算得到的经济高质量发展的城镇化动力指数值，画出的西南地区四省份经济高质量发展的城镇化动力变动趋势如图 5-5 所示。

本书通过 SPSS 软件聚类分析表 5-9 中计算得到的经济高质量发展的城镇化动力指数值，将西南地区四省份的经济高质量发展的城镇化动力划分成三个级别，如表 5-10 所示。

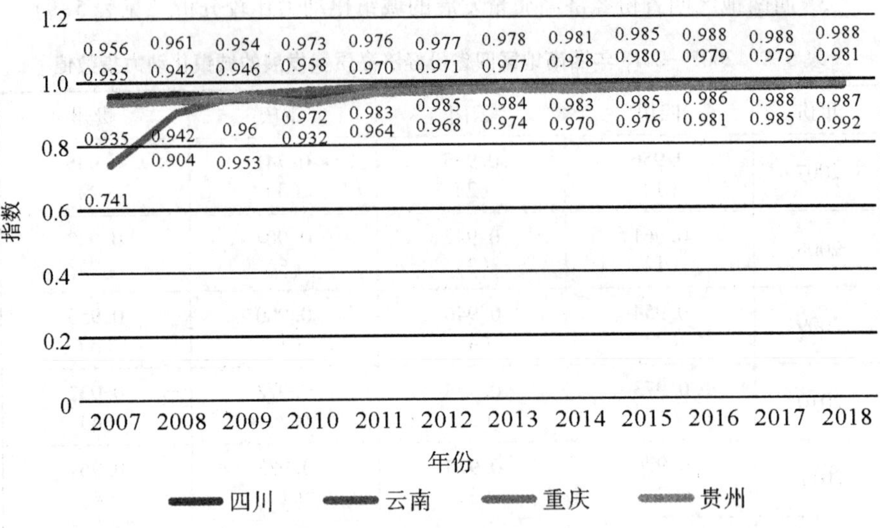

图 5-5　2007—2018 年西南地区四省份经济高质量发展的城镇化动力指数变动趋势

表 5-10　西南地区四省份经济高质量发展的城镇化动力等级划分

年份	经济高质量发展城镇化动力等级高	经济高质量发展城镇化动力等级中等	经济高质量发展城镇化动力等级低
2007	云南、四川、贵州	重庆	
2008	四川	云南、贵州	重庆
2009	重庆	贵州、四川	云南
2010	四川、重庆	云南	贵州
2011	重庆	四川、云南	贵州
2012	重庆	四川	贵州、云南
2013	重庆	四川、云南	贵州
2014	云南、重庆	四川	贵州
2015	云南、重庆	四川	贵州
2016	云南、重庆	贵州、四川	
2017	云南、重庆	四川	贵州
2018	贵州	重庆、云南	四川

依据表 5-9、图 5-5 和表 5-10 可以得到如下结论：

（1）西南地区四省份经济高质量发展的城镇化动力指数值在 2007—2018

年有较大幅度的增长，四个省份的排列顺序不断变化。重庆市城镇化动力指数在2009—2017年大部分时间都位于高等级区域，其指数值从2007年的0.741增长到2018年的0.987，12年间重庆的城镇化动力指数值增长最多，增长0.246。四川的城镇化动力指数2007—2015年一直位居前列，仅2016—2018年排名靠后，虽然12年间指数值总体呈现增加的趋势，但其排序却不断下降。云南的城镇化动力指数在12年间排名波动较大，在前期排名中下游，特别是2009—2013年排名靠后；但后期排名中上游，2015—2017年稳居第一，说明云南这些年来城镇化发展迅速，对经济增长的贡献日益增强。贵州则是2007—2008年排名中上游，后期滑落到中下游，甚至2010—2014年始终位列第四，2015年后排名才稳步上升，至2018年位列第一。

（2）四川的城镇化动力指数过去一直在西南地区四省份平均水平之上波动上升。云南、重庆、贵州虽在前期低于平均水平，但总体发展速度较快，仅在1~2年时间内便超过平均水平，且稳步增长。西南地区四省份城镇化动力指数从2009年开始发展水平均相差无几，且变动趋势几乎吻合。

（3）2007年经济高质量发展的城镇化动力等级高的区域包括云南、四川和贵州，重庆为等级中等的区域。2011年，重庆是仅有的城镇化动力等级高的区域，而贵州的指数值最低，中间等级区域包括四川和云南。2015年，城镇化动力等级高的区域扩大至两个，分别是云南、重庆，四川是等级中等的区域，贵州是等级低的区域。2018年，贵州是城镇化动力等级高区域，四川等级低，重庆和云南为中等区域。从表5-10中可以看出，重庆市跻身最高等级区间的次数最多，表明其城镇化水平对其经济高质量发展的驱动力极强。

4. 西南地区四省份的经济高质量发展的可持续性比较分析（见表5-11）

表5-11　2007—2018年西南地区四省份经济高质量发展的可持续性指数值

年份	四川	云南	重庆	贵州
2007	0.413 (4)	0.914 (1)	0.760 (3)	0.788 (2)
2008	0.623 (4)	0.930 (1)	0.841 (2)	0.815 (3)
2009	0.849 (1)	0.807 (4)	0.846 (3)	0.848 (2)
2010	0.883 (2)	0.836 (4)	0.915 (1)	0.872 (3)

表5-11(续)

年份	四川	云南	重庆	贵州
2011	0.877 (4)	0.903 (2)	0.921 (1)	0.896 (3)
2012	0.910 (4)	0.915 (2)	0.963 (1)	0.913 (3)
2013	0.922 (4)	0.946 (2)	0.975 (1)	0.934 (3)
2014	0.976 (2)	0.949 (4)	0.981 (1)	0.957 (3)
2015	0.992 (1)	0.961 (4)	0.987 (2)	0.969 (3)
2016	0.995 (1)	0.965 (4)	0.990 (2)	0.981 (3)
2017	0.997 (1)	0.973 (4)	0.994 (2)	0.992 (3)
2018	0.996 (3)	0.975 (4)	0.998 (2)	1 (1)

注：括号内数字表示当年该省份可持续指数在西南地区四省份中的排名。

本书按照表5-11中计算得到的经济高质量发展的可持续性指数值，画出的西南地区四省份经济高质量发展的可持续性变动趋势如图5-6所示。

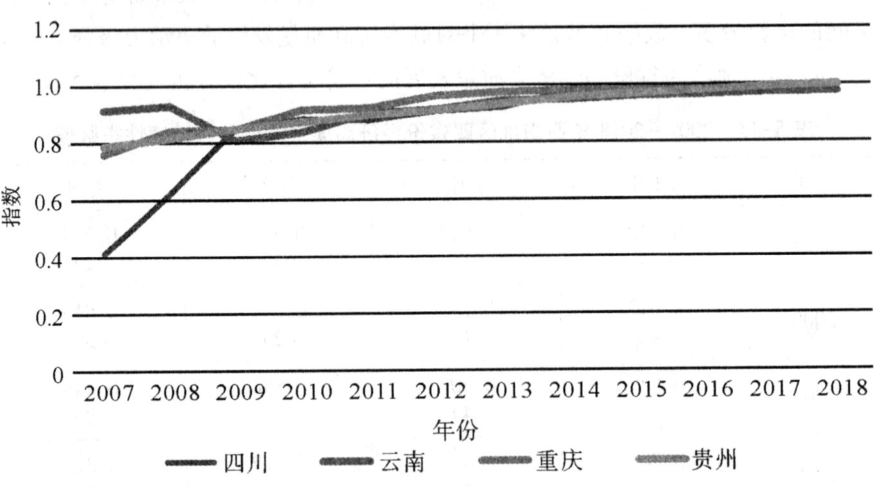

图5-6　2007—2018年西南地区四省份经济高质量发展的可持续性指数变动趋势

本书通过 SPSS 软件聚类分析表 5-11 中计算得到的经济高质量发展的可持续性指数值，将西南地区四省份的经济高质量发展的可持续性划分成三个级别，如表 5-12 所示。

表 5-12 西南地区四省份经济高质量发展的可持续性等级划分

年份	经济高质量发展可持续性等级高	经济高质量发展可持续性等级中等	经济高质量发展可持续性等级低
2007	云南	重庆、贵州	四川
2008	云南	重庆、贵州	四川
2009	重庆、贵州、四川	云南	
2010	重庆	贵州、四川	云南
2011	重庆	贵州、云南	四川
2012	重庆	四川、贵州、云南	
2013	重庆	贵州、云南	四川
2014	四川、重庆	贵州、云南	
2015	四川、重庆	贵州、云南	
2016	贵州、四川	重庆	云南
2017	四川	贵州、重庆	云南
2018	贵州、重庆	四川	云南

依据表 5-11、图 5-6 和表 5-12，可以得到如下结论：

（1）西南地区四省份的可持续性指数值在 2007—2018 年整体上得到一定程度的增长，但是不同省份间存在较大差异。四川省的可持续性指数值的整体增速较快，增量较多，由 2007 年的 0.413 增加到 2018 年的 0.996，增长 0.583；但排名波动较大，前期排名中下游，后期排名中上游，说明四川的可持续性增长仍然有巨大的潜力可以挖掘。重庆的可持续性指数值较高并且这 12 年间大多数时候排在第一或第二位，仅 2007 年、2009 年滑落至第三位，这意味着重庆市经济高质量发展具有强大的可持续发展潜力。云南的可持续性指数值长期在中下游徘徊，并且可持续性指数值较低，增长缓慢；2018 年云南的可持续性指数值是 0.975，与前 2 名省份相比其可持续性指数值相对较低，表明云南省经济高质量发展可持续能力不强，经济发展潜力较低。贵州排名较为稳定，2010—2017 年一直稳居第三位，在 2018 年排名上升至第一位，说明贵州经过多年的发展，可持续性表现有所好转。

（2）云南、重庆、贵州在2007—2018年12年间一直在西南地区四省份平均水平之上波动，并且一直稳步增长；四川在2007年低于平均水平，但12年间总体上升幅度最大，贵州和重庆的上升幅度相差无几。西南地区四省份在后期波动的幅度几乎一致。

（3）云南2007年的经济高质量发展可持续性指数值最大，排列居中的省市为贵州、重庆，而四川省的可持续性等级最低。2011年重庆是唯一可持续性等级高的省份，可持续性等级中等的区域为贵州、云南，可持续性等级低的区域依旧为四川。2015年可持续性等级高的区域扩大至四川、重庆两个省份，贵州和云南是两个可持续性中等的省份。2018年可持续等级高的区域依旧为两个，分别是贵州和重庆；中等区域减至一个，为四川；而可持续性等级低的区域为云南。

5. 西南地区四省份经济高质量发展的人民生活福利水平比较分析（见表5-13）

表5-13　2007—2018年西南地区四省份经济高质量发展的人民生活福利水平指数值

年份	四川	云南	重庆	贵州
2007	0.959 （1）	0.941 （2）	0.926 （4）	0.930 （3）
2008	0.781 （4）	0.931 （1）	0.890 （3）	0.910 （2）
2009	0.941 （1）	0.919 （3）	0.895 （4）	0.927 （2）
2010	0.940 （2）	0.922 （3）	0.912 （4）	0.949 （1）
2011	0.946 （2）	0.960 （1）	0.940 （3）	0.930 （4）
2012	0.962 （1）	0.962 （1）	0.956 （2）	0.945 （3）
2013	0.970 （3）	0.977 （1）	0.974 （2）	0.974 （2）
2014	0.976 （3）	0.983 （1）	0.978 （2）	0.975 （4）
2015	0.982 （3）	0.987 （1）	0.986 （2）	0.978 （4）
2016	0.983 （4）	0.990 （2）	0.991 （1）	0.986 （3）

表5-13(续)

年份	四川	云南	重庆	贵州
2017	0.986 (4)	0.992 (1)	0.991 (2)	0.989 (3)
2018	0.987 (4)	0.999 (1)	0.998 (2)	0.991 (3)

注：括号内数字表示当年该省份人民生活福利水平指数在西南地区四省份中的排名。

本书按照表5-13中计算得到的经济高质量发展的人民生活福利水平指数值，画出的西南地区四省份经济高质量发展的人民生活福利水平变动趋势如图5-7所示。

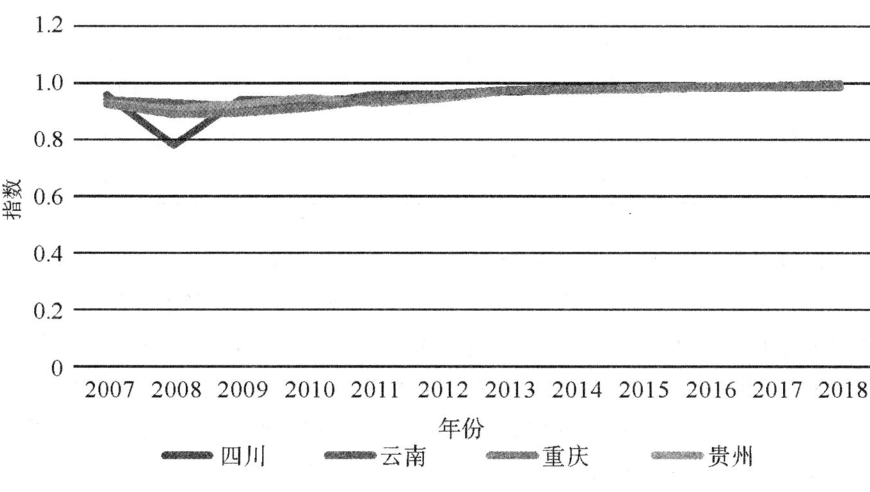

图5-7　2007—2018年西南地区四省份经济高质量发展的人民生活福利水平指数变动趋势

本书通过SPSS软件聚类分析表5-13中计算得到的经济高质量发展的人民生活福利水平指数值，将西南地区四省份的经济高质量发展的人民生活福利水平划分成三个级别，如表5-14所示。

表5-14　西南地区四省份经济增长的人民生活福利水平等级划分

年份	经济高质量发展人民生活福利水平等级高	经济高质量发展人民生活福利水平等级中等	经济高质量发展人民生活福利水平等级低
2007	四川	重庆、贵州	云南
2008	云南、贵州、重庆	四川	

表5-14(续)

年份	经济高质量发展人民生活福利水平等级高	经济高质量发展人民生活福利水平等级中等	经济高质量发展人民生活福利水平等级低
2009	四川	云南、贵州	重庆
2010	贵州、四川	云南、重庆	
2011	云南	四川、重庆	贵州
2012	四川、云南	重庆	贵州
2013	云南	贵州、重庆	四川
2014	云南	重庆	贵州、四川
2015	云南、重庆	四川	贵州
2016	云南、重庆	贵州	四川
2017	云南、重庆	贵州	四川
2018	云南、重庆	贵州	四川

依据表5-13、图5-7和表5-14可以得到如下结论：

（1）西南地区四省份经济高质量发展的人民生活福利水平指数在2007—2018年呈现出总体上升的趋势，其总体情况也能通过排序位置变动体现出来。云南省在2007—2018年，仅2007年、2009年、2010年这3年排名不是第一，其余年份一直在西南地区四省份中排名第一。重庆的该指数表现较好，前期排名一直波动，2012年开始一直稳定在第二位，且2016年上升至第一位，上升速度较快且上升数值较大，增加值为0.072，说明重庆在西南地区四省份中表现较好。贵州的该指数值也有较大程度的上升，但其排名波动幅度较大，2008—2010年排名靠前，2011年开始排名稳居中下游，说明贵州的人民生活福利水平较低，还有巨大的上升潜力。四川的人民生活福利水平指数值增加较少，后期位列西南地区四省份最后两位，2009—2012年则稳居西南部省区前2位，说明四川省还有较大的上升空间。

（2）西南地区四省份的人民生活福利水平指数在2007—2018年12年间一直平稳上升，且上升趋势几乎一致；仅四川在早期波动幅度较大，2007—2008年急速下降至最低点，但2008年开始逐步上升至2010年，其后指数值保持跟其他省份相同水平。

（3）2007年，四川是西南地区四省份中唯一经济高质量发展的人民生活福利水平指数高等级区域，云南是低等级区域，重庆、贵州则是中等区域。

2011 年云南则是仅有的人民生活福利水平指数高等级区域，低等级区域仅有贵州省，四川和重庆则是中等区域。2015 年贵州省人民生活福利水平指数为最低区域，云南和重庆则进入高等级区域，四川则是中等区域。2018 年人民生活福利水平指数高等级区域依然为云南和重庆，四川为低等级区域，贵州则是中等区域。

6. 西南地区四省份经济高质量发展的资源与生态环境成本比较分析（见表 5-15）

表 5-15　2007—2018 年西南地区四省份经济高质量发展的资源与生态环境成本指数值

年份	四川	云南	重庆	贵州
2007	0.928 (4)	0.970 (1)	0.939 (3)	0.966 (2)
2008	0.957 (4)	0.976 (2)	0.977 (1)	0.958 (3)
2009	0.981 (3)	0.983 (2)	0.985 (1)	0.964 (4)
2010	0.987 (2)	0.987 (2)	0.989 (1)	0.956 (3)
2011	0.987 (3)	0.988 (2)	0.990 (1)	0.972 (4)
2012	0.985 (3)	0.990 (2)	0.994 (1)	0.979 (4)
2013	0.986 (2)	0.982 (3)	0.996 (1)	0.980 (4)
2014	0.983 (3)	0.984 (2)	0.995 (1)	0.977 (4)
2015	0.986 (3)	0.988 (2)	0.998 (1)	0.985 (4)
2016	0.989 (2)	0.989 (2)	0.998 (1)	0.987 (3)
2017	0.986 (3)	0.985 (4)	0.996 (1)	0.994 (2)
2018	0.986 (3)	0.979 (4)	0.994 (2)	0.996 (1)

注：括号内数字表示当年该省份资源与生态环境成本指数在西南地区四省份中的排名。

本书按照表 5-15 中计算得到的经济高质量发展的资源与生态环境成本指数值，画出的西南地区四省份经济增长的资源与生态环境成本变动趋势如图 5-8 所示。

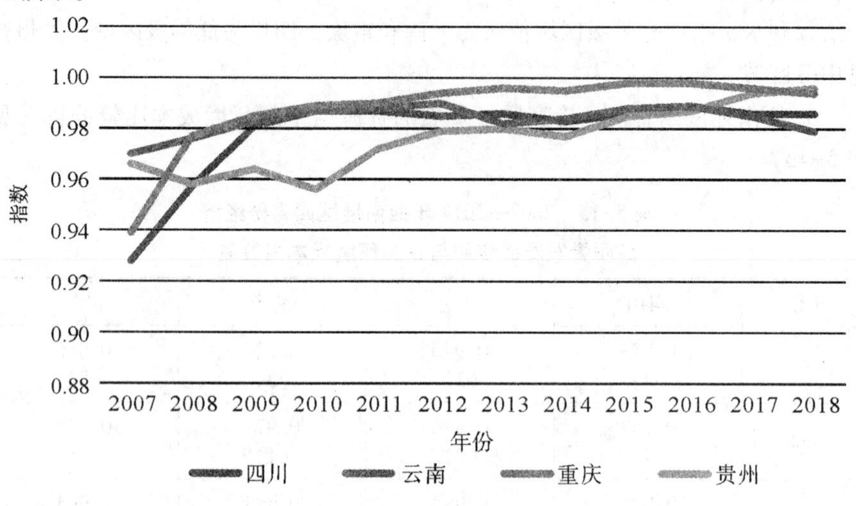

图 5-8　2007—2018 年西南地区四省份经济高质量发展的资源与生态环境成本指数变动趋势

本书通过 SPSS 软件聚类分析表 5-15 中计算得到的经济高质量发展的资源与生态环境成本指数值，将西南地区四省份的经济高质量发展的资源与生态环境成本划分成三个级别，如表 5-16 所示。

表 5-16　西南地区四省份经济高质量发展的资源与生态环境成本等级划分

年份	经济高质量发展资源与生态环境成本等级高	经济高质量发展资源与生态环境成本等级中等	经济高质量发展资源与生态环境成本等级低
2007	贵州、云南	重庆	四川
2008	云南、重庆	四川、贵州	
2009	四川、云南、重庆	贵州	
2010	四川、云南、重庆	贵州	
2011	四川、云南、重庆	贵州	
2012	重庆、云南	四川	贵州
2013	重庆、云南	四川	贵州
2014	重庆	四川、云南	贵州
2015	重庆	四川、贵州、云南	

表5-14（续）

年份	经济高质量发展资源与生态环境成本等级高	经济高质量发展资源与生态环境成本等级中等	经济高质量发展资源与生态环境成本等级低
2016	重庆	四川、贵州、云南	
2017	贵州、重庆	四川、云南	
2018	贵州、重庆	四川	云南

依据表 5-15、图 5-8 和表 5-16 可以得到如下结论：

（1）西南地区四省份经济高质量发展的资源与生态环境成本指数在 2007—2018 年都得到提高，但各省份的指数值差距较大且等级排名变动也较为明显。重庆的资源与生态环境成本指数稳定跻身前两名，2007 年的指数值是 0.939，2018 年已经达到 0.994，除开 2007 年、2018 年分别位列第三位、第二位，其他年份均位列西南地区四省份第一位；贵州的该指数值在 2011—2015 年一直排名最末，2016—2018 年指数值增加，且排名持续上升，至 2018 年上升到第一位；云南在 2016 年之前该指数值一直排在西南地区四省份前列，2007 年还位居第一，但 2016—2018 年指数值开始下降并且排名也于 2017 年跌落到第 4 名；四川该指数值既有增加的期间也有下降的期间，排名也有明显变化，2007—2008 年四川该指数值一直是西南地区四省份最后一名，其后排名有所提升，2010 年、2013 年、2016 年排名第二，其余年份均稳居第三位。

（2）重庆的资源与生态环境成本指数值变化幅度最大，2008 年之后一直领先于其他省份，说明重庆的该指数在西南地区四省份中保持最高，重庆更加重视经济发展和资源节约、生态保护的和谐统一。其他三个省份虽整体保持上升但依旧存在波动变化，体现了指数的不稳定性。

（3）2007 年，经济高质量发展的资源与生态环境成本指数高等级区域有两个，分别是贵州和云南，重庆是中等区域，四川则是低等级区域。2011 年，高等级区域扩大至三个省份，分别是四川、云南和重庆，资源与生态环境成本指数中等区域范围仅包括贵州。2015 年指数高等级区域只有重庆，中等级区域包括四川、贵州和云南。2018 年云南的资源与生态环境成本指数等级最低，贵州和重庆并列进入高等级区域，四川属于中等区域。

第四节　新型城镇化进程中四川经济高质量发展效率分析

1978年改革开放以来，中国以其高增长率造就了人类历史上的“增长奇迹”，但是过度依赖投资的粗放型发展模式带来了严重的隐患。探寻经济高质量发展驱动力、提高经济增长质量和效益是当前和今后中国经济发展的方向。

众多学者认为，目前我国经济高质量发展的关键举措是加快提高全要素生产率，将经济发展变为由全要素生产率推动。学术界热烈探讨的话题逐步转向为经济发展效率驱动或能成为中国经济高质量发展的新型驱动。研究经济高质量发展不能只以经济发展效率为其核心评判标准，而应该更广义、更深刻地去理解经济发展效率对发展质量的影响。

经济发展质量的内涵可以通过经济系统的投入产出效率得到充分体现。经济发展效率是指针对各项投入的产出的可利用程度，经济发展效率越高越能保证经济发展的质量从优。经济发展数量反映的是速度问题，通过要素积累得到，其载体为GDP增长速度。经济发展效率反映的则是产出最大化的问题，通过投入与产出的比例以及边际产量的提高来得到。若要四川经济发展由数量速度型向质量效率型转变，必须增强经济发展效率、合理分配要素。经济高质量发展的关键作用是使产出效率达到最高，并利用发展方式的升级转型提高经济发展效率。

国家推行西部大开发战略以来，四川省进入了新的发展时期，其经济飞速增长的同时也取得了引人注目的建设成绩，但仍旧存在着经济发展效率低下的问题。本书通过对四川以及西南地区其他三个省份的经济发展效率进行研究，力求找到四川在西南地区经济发展效率中所处的具体位置，进一步从深层次角度探索四川及西南地区经济发展质量问题，为今后四川经济高质量发展找到更加合理高效的应对措施[10]。

一、经济发展效率评价模型选择

数据包络分析（DEA）是一种基于相对效率概念和数学规划理论的系统分析方法，用于评价多投入和多产出的决策单位的技术是否有效（魏权岭，2004）。该方法的研究对象为多投入和多产出的决策单位，同时省略了投入产出包含的个体联系，直接明确相似产出的多个决策单位间的效率，因而适用于多个领域。

假设将我国西南地区四省份作为一个决策单位（DMU），以 X 代表投入变量，Y 代表产出变量，若各个省份的投入变量数量为 m，产出变量数量为 s，那么例如第 i 个省份，其输入输出变量分别为

$$X_i = (X_{i1}, X_{i2}, X_{i3}, \cdots, X_{im})$$

$$Y_i = (Y_{i1}, Y_{i2}, Y_{i3}, \cdots, Y_{is})$$

其具体形式为

$$\min(\hat{e}^T S^- + e^T S^+)$$

$$s.\ t.\ \sum_{j \in J_k} X_J \lambda_j + S^- = X_0$$

$$-\sum_{j \in J_k} Y_J \lambda_j + S^+ = -Y_0$$

$$\sum_{j \in J_k} \lambda_j = 1$$

$$S^- \geq 0,\ S^+ \geq 0,\ \lambda_j \geq 0,\ j \in J_k$$

其中 $\hat{e}$、e 分别为 $(1, \cdots, 1)^T$ 型的 m 维、s 维向量，S^-、S^+ 为松弛变量[11-12]。

二、变量选择和数据说明

为了将四川与西南地区另外三省份的经济发展效率进行比较，本书研究的区域范围是四川、重庆、云南、贵州四省份。

本书将研究范围设定在 2007—2018 年来分析四川省经济发展效率波动，因此可通过查阅这 12 年的《中国统计年鉴》《四川统计年鉴》等来确定原始数据。由于西藏自治区统计数据较为缺乏，本着研究过程统一标准的原则，本书暂不考虑西藏自治区。详细指标如下所设：

鉴于我国西南地区四省份经济发展内涵、目标和原始数据的完整性，本书设定各省份经济高质量发展的输入指标包括地方财政支出、固定资产投资、单位从业人员数，输出指标包括人均生产总值和地方财政收入（见表 5-17）。

表 5-17　输入、输出指标

输入指标			输出指标	
地方财政支出	固定资产投入	单位从业人员数	人均生产总值	地方财政收入

如表 5-17 所示，其输入、输出指标数据主要来源于对四川、重庆、云南和贵州 4 个省份 2007—2018 年的统计年鉴的查询和整理（因基础数据数量庞大，故不在此展示基础数据）。本书按照搜集的实证数据以及论述的研究方

法，结合经济发展效率理论模型，使用数据分析软件 DEAP2. 1 对包括四川在内的西南地区四省份 12 年间的经济发展效率进行计量分析，得到了待估计参数的估计值和相关检验结果，同时得出了西南地区四省份经济发展效率指数值。

三、我国西南地区经济质量发展全要素生产率变化分析

本书运用 DEAP2. 1 软件进行 BCC 模型分析，计算出 2007—2018 年我国西南地区经济质量发展的综合效率表，结果如表 5-18 所示。

表 5-18　2007—2018 年我国西南地区经济质量发展生产效率情况

firm	crste	vrste	scale	
四川省	0. 636	1. 000	0. 636	drs
重庆市	1. 000	1. 000	1. 000	—
云南省	0. 665	1. 000	0. 665	irs
贵州省	0. 601	0. 808	0. 744	irs
mean	0. 725	0. 952	0. 761	

数据来源：由 DEAP2. 1 软件运行结果整理得出。

如表 5-16 所示，crste 表示综合效率，其结果是利用数据包络分析 CCR 模型所评估出来的；vrste 表示纯技术效率，scale 表示规模效率，二者均由 BCC 模型中综合效率 crste 进一步分解得出，scale = crste/vrste。最后一列中的 irs、—、drs 分别表示规模收益递增、不变、递减。

从综合效率角度分析，2007—2018 年，规模、技术效率均达到有效值的仅有重庆市。DEA 有效说明重庆市经济质量达到了最优状态，特别是在区域经济质量发展的投入和产出方面。四川、云南和贵州三个省非 DEA 有效。其中，数值最低的省份为贵州省，仅 0. 601；数值最高为云南省，达到了 0. 665，西南地区平均综合效率为 0. 725。四川省从 2007 年至 2018 年，经济质量发展综合效率为 0. 636，低于西南地区平均值[13]。

从规模效率角度分析，2007—2018 年，只有重庆市的规模效率达到有效，而其余 3 个省仍非有效。其中，云南省和贵州省的规模效率呈逐步上升的趋势，表明这两个省份增加产量，可通过扩大生产规模、增加生产要素投入等方式来实现；而四川省 2007—2018 年经济质量发展规模效率为 0. 636，规模收益呈递减态势，表明四川省要减小生产规模才能进一步优化其生产要素配置结构。

从技术效率角度分析，2007—2018 年，四川省、重庆市和云南省三个省市的技术效率达到了有效的水平，说明这三个省市在经济质量发展、生产资源组合方面达到了最佳水平。然而贵州省的技术效率未达有效，这表明有必要加大对这一地区技术投入的占比。

1. 2007—2018 年经济质量发展全要素生产率时序变化分析

（1）我国西南地区经济质量发展全要素生产率时序变化分析。

DMU 跨期的效率变化情况通常利用 Malmquist 指数法来衡量。所谓效率变化，是指随着时间的推移变化，生产边界也随之而移动的情况。Malmquist 指数法共有五个指标，包括技术变动（techch）、纯技术效率变动（pech）、技术效率变动（effch）、总要素生产力变动（tfpch）、规模效率变动（sech）。其关系是 tfpch = effch×techch，且 effch = pech×sech。其中总要素生产力变动（tfpch）即效率变化（efficiency change），技术效率变动（effch）即效率追赶程度（catching-up in efficiency），技术变动（techch）即技术移动（shift in technology）。

当 tfpch>1，表示生产力呈正的增长态势；反之，表示负增长。当 techch>1，表示技术进步，即生产边界得到改善提高；反之，表示技术水平下降。当 effch>1，表示技术效率提高；反之，意味着技术效率下降。当 pech>1 时，表示纯技术效率提高；反之，则意味着纯技术效率下降。当 sech>1，表示与第 t 期相比较，第 t+1 期更接近于固定规模报酬，也就是说，从长远来看，最优规模在逐步接近；反之，则离固定规模报酬越来越远。受数据的可获得性的限制，本书采用两种方式对效率进行评估，包括横截面数据和时间序列数据，从而使模型数据结果更加准确。

本书运用 DEAP2. 1 软件对 Malmquist 指数法进行分析，主要利用五个指标，其中包括技术进步变动（techch）、总要素生产力变动（tfpch）、纯技术效率变动（pech）、技术效率变动（effch）、规模效率变动（sech）。本书对 2007—2018 年我国西南地区每年的数据进行测度，具体结果如表 5-19 所示[15]。

表 5-19　2007—2018 年我国西南地区经济质量发展全要素生产率变化

year	effch	techch	pech	sech	tfpch
2008	1. 150	0. 972	1. 107	1. 039	1. 118
2009	1. 466	0. 938	0. 881	1. 663	1. 375
2010	0. 902	1. 103	0. 946	0. 953	0. 995

表5-19(续)

year	effch	techch	pech	sech	tfpch
2011	1.073	0.978	1.115	0.963	1.050
2012	1.270	0.688	1.210	1.049	0.874
2013	1.097	0.965	0.983	1.116	1.058
2014	0.990	0.969	0.996	0.994	0.960
2015	0.985	0.966	0.997	0.988	0.951
2016	1.009	0.908	0.995	1.015	0.917
2017	0.984	0.923	1.000	0.985	0.909
2018	0.956	1.001	0.983	0.973	0.957
mean	1.070	0.941	1.016	1.053	1.007

数据来源：运用 DEAP2.1 软件的运行结果整理得出（其中 2009 年为基期）。

2007—2018 年我国西南地区经济质量发展全要素生产率增加了 0.7%。其中 2008 年、2009 年、2011 年及 2013 年我国西南地区经济质量发展全要素生产率上升，其他年份均呈下降状态。全要素生产率增长速率较慢的主要因素在于技术水平的下降（见表 5-19）。

（2）四川省经济质量发展全要素生产率时序变化分析。

通过对四川省 2007—2018 年经济质量发展全要素生产率的测算及分解可知，除 2009 年和 2010 年外，四川省经济质量发展全要素生产率变化均呈上升趋势。其中，2008 年涨幅最高，数值达到 1.297；2009 年跌幅最高，数值达到 0.790（见表 5-20）。

本书运用 DEAP2.1 软件进行 Malmquist 指数法分析，对四川全省五个指标 2007—2018 年的数据进行测度，计算出每年的技术效率变动（effch）、总要素生产力变动（tfpch）、纯技术效率变动（pech）、技术变动（techch）、规模效率变动（sech）等，具体结果详见表 5-20。

表 5-20　2007—2018 年四川省经济质量发展全要素生产率变化

year	effch	techch	pech	sech	tfpch
2008	1.000	1.297	1.000	1.000	1.297
2009	1.000	0.790	1.000	1.000	0.790
2010	1.000	0.932	1.000	1.000	0.932

表5-20(续)

year	effch	techch	pech	sech	tfpch
2011	1.000	1.203	1.000	1.000	1.203
2012	1.000	1.126	1.000	1.000	1.126
2013	1.000	1.044	1.000	1.000	1.044
2014	1.000	1.028	1.000	1.000	1.028
2015	1.000	1.012	1.000	1.000	1.012
2016	1.000	1.039	1.000	1.000	1.039
2017	1.000	1.001	1.000	1.000	1.001
2018	1.000	1.016	1.000	1.000	1.016
mean	1.000	1.037	1.000	1.000	1.037

数据来源：运用 DEAP2.1 软件运行结果整理得出（其中 2009 年为基期）。

2. 2007—2018 年经济质量发展全要素生产率空间变化分析

影响全要素生产率变动的两个主要因素是技术进步和综合效率变化。从 2007 年到 2018 年，西南地区四省份综合效率呈上升趋势，然而技术进步呈下降态势。以此推断，影响经济质量发展全要素生产率变化的主要因素是技术变化，针对技术效率的发挥，技术进步存在一定的滞后性（见图 5-9）。

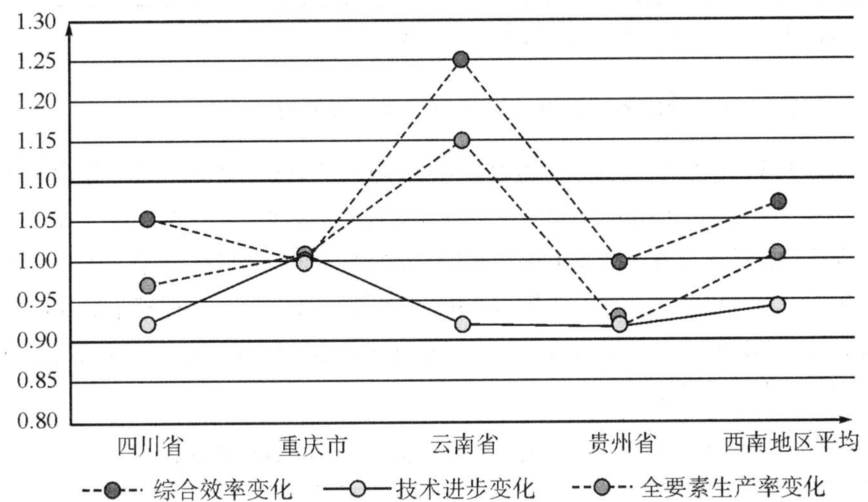

图 5-9　2007—2018 年我国西南地区经济质量发展全要素生产率变化

经济质量发展全要素生产率在 2007—2018 年我国西南地区呈上升趋势的

省份中，重庆市涨幅为0.8%，云南省涨幅为14.9%。重庆市为技术效率、综合效率双重推动型，而云南省仅为综合效率推动型，规模效率推动其综合效率的提高。

四川省和贵州省经济质量发展全要素生产率在2007—2018年均为负值。其中，下降幅度最大的为贵州省，下降比例为8.5%，主要原因在于技术进步和综合效率的双重影响。面对贵州省综合效率的下降需要进行进一步分解，在研究期间内，贵州省不论是纯技术效率还是规模效率变化，均在不同程度上有所下降，共同影响着综合技术效率。但是，四川省全要素生产率为负，其主要的原因在于技术进步下降（见表5-20）。

本书利用DEAP2.1软件进行Malmquist指数法分析，计算出我国西南地区从2007年至2018年经济质量发展的综合效率，具体结果见表5-21。

表5-21　2007—2018年我国西南地区经济质量发展全要素生产率变化

firm	effch	techch	pech	sech	tfpch
四川省	1.053	0.921	1.053	1.000	0.970
重庆市	1.000	1.008	1.000	1.000	1.008
云南省	1.251	0.919	1.013	1.234	1.149
贵州省	0.996	0.919	0.997	0.998	0.915
mean	1.070	0.941	1.016	1.053	1.007

数据来源：运用DEAP2.1软件运行结果整理得出。

四、2018年经济质量发展全要素生产率比较分析

如表5-22所示，2018年我国西南地区经济质量发展生产要素的使用效率不合理，平均综合效率仅为0.831。四川省纯技术效率为1.000，而综合效率值在受规模效率变化的影响下为0.859，说明当年四川省经济质量发展投入规模过大。从规模效率来看，四川省2018年经济质量发展处于规模报酬递减阶段，说明四川省应该找出阻碍其经济质量发展效率的原因，从规模方面增强自身的经济发展质量水平。

表5-22　2018年我国西南地区经济质量发展生产效率

firm	crste	vrste	scale	
四川省	0.859	1.000	0.859	drs
重庆市	1.000	1.000	1.000	—

表5-22(续)

firm	crste	vrste	scale	
云南省	0.727	0.825	0.880	irs
贵州省	0.741	0.972	0.762	irs
mean	0.831	0.949	0.875	

数据来源：运用 DEAP2.1 软件运行结果整理得出。

参考文献

[1] 郑李昂. 新型城镇化进程中新疆经济增长质量提升研究 [D]. 石河子：石河子大学，2019.

[2] 李豫新，王振宇. 丝绸之路经济带背景下经济发展质量评价分析：以新疆为例 [J]. 生态经济，2017，33 (4)：58-84.

[3] 田杰棠. 创新是高质量发展的关键“支点”[J]. 中国战略新兴产业，2018 (21)：96.

[4] 陈昆亭，周炎. 绿色、健康、可持续：高质量发展的必由之路 [J]. 山东财经大学学报，2020，32 (1)：5-25.

[5] 聂日明，雷新军. 高速度如何转向高质量 [J]. 检察风云，2018 (9)：34-36.

[6] 张放. 协同创新促进企业高质量发展 [J]. 钟表 (最时间)，2018 (3)：18.

[7] 邹立群，刘清松. ABS 制动在摩托车高端制造趋势下的发展前景 (1) [J]. 摩托车技术，2018 (6)：38-44.

[8] 夏春辉. 汽车装备制造项目供应商评价体系研究 [D]. 北京：中国地质大学，2019.

[9] 王丽芳. 北京研发投入与经济增长的协整分析 [J]. 科技创新导报，2018，15 (23)：253-256.

[10] 李豫新，郑李昂. 西部省份经济增长效率及影响因素研究：基于 SFA 模型的实证分析 [J]. 生态经济，2019，35 (3)：57-62.

[11] 赵汉卿，刘洁，杨蕾. 基于 DEA 的农村信用社效率分析 [J]. 广东农业科学，2009 (11)：227-230.

[12] 刘海明. 福州：福建省区域经济协同发展机制构建研究 [D]. 福州：福建农林大学，2011.

[13] 孙健. 河北省黄瓜生产及全要素生产率研究 [D]. 保定：河北农业

大学，2019.

［14］史安娜，徐巧玲. 我国科技资源配置效率的实证分析：基于DEA的超效率CCR模型与Malmquist指数模型［J］. 科技管理研究，2015，35（1）：54-59.

［15］谢志忠，刘海明，赵莹，等. 福建省农村信用社经营效率变动的测度评价分析［J］. 农业技术经济，2011（6）：62-69.

第六章　四川省新型城镇化进程中经济高质量发展提升路径

第一节　四川省新型城镇化进程中经济高质量发展提升的现实基础

一、政府政策支持

2017年中国共产党第十九次全国代表大会首次提出中国经济由高速增长阶段转向高质量发展阶段。就目前而言，四川发展由于处在新起点上，才迎来转型、创新、跨越发展的关键时期。国家政策强调将进一步推进西部大开发、“一带一路”建设和长江经济带发展，对革命老区、民族地区、贫困地区要加大力度去支持，并且针对四川建设天府新区、自贸试验区要大力推进全方位创新改革试验。这一系列历史性机遇重叠，使得四川释放了促进发展的强大动力[1]。

四川对“一带一路”沿线国家的服务出口不少于全省出口总额的三分之一。2019年第一季度，四川省已在“一带一路”沿线国家建立了262家企业。就资本而言，中国对“一带一路”沿线国家的投资达到40亿美元，四川对沿线国家货物进出口总额达389.2亿元，占四川省对外贸易总额的26.7%。四川同柬埔寨、埃及、波黑、乌克兰、阿曼等13个国家的贸易增长额几乎翻了一番，对“一带一路”沿线国家的经济、贸易往来实现了充分覆盖，与沿线国家新签合同金额达4.14亿美元；尤其是对印度尼西亚、缅甸、新加坡、越南、老挝等国家的投资数额较高，涉及领域包括商务服务业、零售业、制造业以及热力、电力、燃气及水的生产和供应业等[2]。

目前，对丝绸之路经济带的建设，国家正在加快推进。党的十九大明确提到了经济转型和发展。四川面对国家的政策支持，应充分利用这难得的机会。

只要找到自身定位和发展方向，四川就会迎来前所未有的发展机遇。四川经济高质量发展的提升，国家在政策上也将会给予大力支持。

另外在2006年7月，《四川省国民经济和社会发展第十一个五年规划纲要》正式提出了要形成和发展成都、川南［自贡、泸州、内江、宜宾4市、28个县（区）］、攀西［攀枝花市和凉山州2市（州）、22个县（区）］、川东北［广元、南充、广安、达州和巴中5市、34个县（市、区）］、川西北（甘孜州和阿坝州）5大经济区。2016年9月，四川省政府重新规划了五大经济区的区域范围，颁布五大经济区发展规划，点明区域形势特点及其发展潜力，指出战略方针和发展重心，强调了各经济区的发展目标和战略定位。

5大经济区，首先各地区要提升发展积极性；其次要利用已有的先天优势，如资源条件、地理区位、发展潜力等；最后利用经济发展、人口迁移等方式，逐渐形成特色突出、优势互补的5大经济区。四川省委结合赴广东、浙江、港澳考察学习的情形，将视野推至全国。在我国面对新的经济形势，处于新时代的情况下，根据党的十九大提出的实施区域协调发展战略的重要指示，针对四川省发展不平衡不充分的问题，四川省委十一届三次全会做出了实施“一干多支”发展战略的决定，构建“一干多支、五区协同”区域发展新格局，推动区域协同发展。“确保四川省农村贫困人口全面脱贫”是省委对中央做出的承诺，也是四川省人民步入全面小康生活的需要。面对挑战与机遇并存的状况，四川省内各地开展“大学习、大讨论、大调研”活动，各市竞相发展，态势良好，在协调区域发展的战略下，推进基础设施建设，深化开放工作稳步推进[3]。

二、资源优势

1. 矿产资源

四川拥有丰厚多样的矿产资源，省内分布有化工、稀有、有色、能源、贵金属等矿产，现已发掘132类金属和非金属矿产，种类数占据全国的70%。四川省大部分地区分布着94种已探明的矿产储量，占据全国总数的60%。我国矿产保有储量排名中，四川省有32种矿产，跻身前5名。其中最丰富的当属钛矿、钒矿、硫铁矿、天然气等7种资源，尤其是钒、钛两者储量突出，四川钒储量占世界总储量的33.3%，钛储量占世界总储量的82%。四川在我国排名第二至第五位的矿产分别为：锂矿、芒硝等11种矿产，铂族金属、铁矿等5种矿产，炼镁用白云岩、轻稀土矿等8种矿产，磷矿。四川省的矿产资源种类繁多，分布相对聚集，有利于形成综合性矿物原料基地。例如：川西南地区是中国的冶金基地之一，主要有黑色金属、有色金属和稀土资源；川南地区是中国化工工业基地之一，非金属矿产种类多、储藏量大，主要包含煤、硫、磷、岩盐、天然气；川西北地区是潜在的尖端技术产品的原料供应地，主要原因首先是其富含稀贵金属（锂、铍、金、银）和能源矿产（铀、泥炭），再者为共伴生矿产居多，从而享有重大的综合利用的意义。攀西地区的钒钛磁铁矿是中国著名的三大综合利用共生矿之一[4-5]。

2. 生物资源

四川拥有丰富的野生植物资源，超过拥有 10 000 种高等植物，占据我国总量的33%左右，丰富程度在全国位居第二。其中总量跻身全国第一的植物包括：苔藓植物 500 余种；维管束植物 230 余科、1 620 余属；蕨类植物 708 种；包含变种在内的裸子植物已达 100 余种；被子植物 8 500 余种；松、杉、柏类植物等，总量达到 87 种。四川有 84 种植物被列入珍稀濒危保护植物名录，占全国总数的 21. 6%。四川野生经济植物种类繁多，数目已到达 5 500 余种。四川省是中国最大的中药材基地，全国药材总产量的三分之一为四川中药材，其中药用植物 4 600 余种。四川还是全国最大的芳香油产地，包含芳香及芳香类植物 300 余种。另外，四川的野生果类植物现存 100 余种，其中奇异果储量最为丰富，在国内外均有显著声望。同时四川省菌类资源颇为丰盛，野生菌类储量占全国的 95%，类别有 1 291 种。2018 年年末四川森林覆盖率为 38. 83%，比 2017 年年末提高 0. 8 个百分点。

四川省除了植被丰盛，动物种类也多种多样。其中，脊椎类动物有近 1 300种，约占全国总量的 1/2 左右；兽、鸟类动物数量也占据全国的 50%左右，包含兽类 217 种，鸟类 625 种，爬行类 84 种，两栖类 90 种，鱼类 230 种。另外，四川现有国家重点保护野生动物 145 类，在全国排名第一，占比为 39. 6%。从全国第四次大熊猫调查的数据来看，四川省大约有 1 387 只野生大熊猫，占全国野生大熊猫总数的 74. 4%，列全国第一。四川省有超过 1/2 的动物品种可作为经济产品来源，其中毛皮、革、羽用动物 200 余种，药用动物 340 余种。四川省雉类动物种类繁多，在数量上占全国雉科总数的 40%，雉科鸟类 20 种，故四川素有“雉类的天堂”之称；还有许多珍稀濒危雉类也包含在其中，如国家一类保护动物四川山鹧鸪、雉鹑和绿尾虹雉等。

3. 水资源

四川被称为“千河之省”，原因在于水资源丰富，全省的平均降水量为 4 889. 75亿立方米，居全国之首。四川水资源的最大来源是河川径流，天然河川的水资源量占水资源总量的 73%。据统计，在四川境内有将近 1 400 多条大小河流，河川径流中大致有约为 3 489. 7 亿立方米的水资源。其中，多年平均天然河川径流量为 2 547.5 亿立方米。在河川径流水资源的详尽划分中可以看出，上游入境水资源量大致约有 942.2 亿立方米，占据水资源总量的 27%；地下水资源量大致有 546.9 亿立方米；可供开采的水资源量约为 115 亿立方米。四川境内不仅遍布河川径流，湖泊冰川也遍布四周，大致分布有 1 000 多个湖泊、约 200 条冰川。同时四川境内也存在一定面积的沼泽，分布在西北和西南地区，故总蓄水量不仅包括湖泊蓄水量，还需要加上沼泽蓄水量。四川现有湖泊总蓄水量约 15 亿立方米，再加上沼泽蓄水量，蓄水总量共计约 35 亿立方米。

四川省水资源特征明显：水资源总量富足，从全国人均水资源量来看，四川省处在领先位置。四川水资源易形成两种缺水态势，包含季节性缺水和区域性缺水，主要原因在于时空分布不均；水资源在河川径流中最为丰富，径流量具有因季节不同导致其水资源分布不均的特点，在 6~10 月时常集中发生洪旱灾害；曲折迂回的河道，利于农业灌溉；四川拥有天然良好的水质，但某些地区也有污染的情况发生。

四川地域广阔，跨越了几个大地貌单元，其中主要包括云贵高原、青藏高原、横断山脉、四川盆地和鄂西、秦巴山地、湘西山地等。四川资源富足、自然条件多种多样、还拥有悠久的历史，形成了独特的巴蜀文化。四川资源丰富，不仅体现在资源的多样性上，也表现在资源的庞大数量上。在能源资源方面，四川省充分发挥自身优势，为国家提供资源及能源，完成了资源能源安全战略方面的重大任务。四川在自然资源方面，理应合理科学地利用特有的资源优势全面发展产业，加强产业对四川国民经济建设起到的促进和支撑作用；并且可以根据各省份的实际需求情况，将其丰富的资源转移过去，将其资源优势变为经济优势。四川经济建设的基础是资源优势，不仅为四川经济增长提供持续的能源支持和经济回报，还为四川经济高质量发展提供资源保障[6]。

三、区位条件

四川省地处长江经济带，是国家重大战略发展区。长江经济带发展新格局包含“一轴、两翼、三极、多点”，四川省位于新格局中的三极。四川大力发挥对中心城市具有的辐射作用，创造了长江经济带的三大增长极。就城镇化方面而言，四川应以长江三角洲城市群为主导，以长江中游地区和成都、重庆城市群为依托，以贵州和云南两个区域性城市群为辅助，以沿江大中小城市和小城镇为支撑，形成集约高效、区域联动、绿色低碳、结构合理的新型城镇化格局。在创新驱动产业转型方面，四川注重“双七双五”产业发展，大力推动试验区建设，并对一批稀土产业、钒钛高新技术产业项目进行升级。四川加快建设国家高端装备产业创新发展示范基地，逐渐形成成都、绵阳、德阳军民融合产业集群。四川制定并发布了四川和重庆合作示范园区（广安地区）实施意见，对于重庆和广安两地之间的机电及电子信息产业合作要进一步深化。在全方位扩大对外开放方面，四川省依靠“中欧班列（成都）”，畅通中国—中亚—西亚经济走廊、新亚欧大陆桥经济走廊。为促进四川自贸区的建设，四川省全部实施了由上海自贸区启动的首批 14 项制度，大力提高了通关便利化水平。四川新兴贸易业态的平台已经初具规模。2016 年，监管进出境快递邮件数量突破 200 万件，首次跨入与北上广相并列的百万级梯队；第二批离境退税试点城市中成都是唯一的内陆城市。在建设综合立体交通系统方面，四川抓住机遇，把成都建设成为国家级中心城市和国际综合交通枢纽，打造以机场、高速铁路、高速公路、高档航道为核心的现代化综合交通走廊。成都为早日达成成为国家级国际航空枢纽这一目标，全面开工建设成都天府国际机场。只有处于优良区位条件的前提下，四川省才能更好地推动经济社会发展，实现其经济高质量发展[7]。

四、市场广阔

从古至今，四川一直被称为“天府之国”。以成都平原为中心的地区，周围从来不缺少人口和土地。与云南和新疆相比，四川拥有更加完善的工业体系以及教育体系。四川在互联网普及的时代，依靠完备的体系建设可以如鱼得水。在这一波浪潮之中，四川成功在网络中获得了红利。与其他的省份相比，四川在发展上具有先天的优势。四川本身也是整个西部最为重要的工厂基地和资源输出基地。如今，四川省给西北地区提供了超过 60%的物资，庞大的资源使得四川在西部一枝独秀。四川省有 8 000 多万的人口，再加上周边省份的 1 亿人口，这个数字不仅是四川经济发展的一股庞大的推动力，同时也是一个巨大的经济市场。经过长期的摸索，同早期比较，四川省终于探索出符合自己经济社会发展特色的道路。大多数城镇开始发展壮大起来，提高了四川的承载力，使其能够吸收更多的人口。改造自然的能力随着科学技术的日益发展将逐步增强，自然资源不会成为限制四川的经济和社会发展的因素，四川将会拥有更多适合人类生产和生活的场所。四川广袤土地的开发，将随着科学技术的进步和生态环境的改善而更加高效。内地市场以及国际市场对四川特色产品有源源不断的需求，这些会促进大规模生产。经济发展空间随着四川环境承载能力的提高而不断扩大，既可以吸引外省人员入川就业创业，还能够把亚洲各国的人才聚集在一起。四川已然变身为中国西部中心和欧亚大陆的经济文化交流中心。四川在促进周边地区的辐射方面，会随着长江经济带的进一步发展而发挥更加重要的作用，这同时会促使经贸往来更加频繁，使四川生产产品的市场更加广阔。

第二节 四川省新型城镇化进程中经济高质量发展提升的对策建议

一、扩大消费需求促进产业结构升级

1. 缩小收入分配差距

一是完善收入分配政策。首先，要达到保障每一个生产要素都能让所有者获得应有权益的目的，只有通过采取有效措施，这样才能让生产要素加快向市场化发展，收入分配体系中应纳入劳动要素和资本要素。其次，要想达到有效调节和分配城乡居民收入的目的，只能积极运用国家法律范围内允许且相应的合理合法的财政政策、货币政策和税收手段，例如：有效地进行税收控制，主要针对高收入人群，同时面对低收入群体给予适当的每日津贴。最后，要实现促进农村居民可支配收入大幅增长的目的，只能缩小二元经济结构带来的城乡收入差距。二是要达到促进农村经济健康、快速发展的目的。这通过对乡镇企业产业布局进行合理配置的手段来实现。通过对实际状况的了解我们知道，中国乡镇企业大都位于城市的边缘地带，要采用有效措施合理分配乡镇企业的产业分布，才能达到提高农村居民收入的总体目标，例如，对乡镇企业，不论是中西部地区还是内陆地区，都应当给予适当的政策及技术援助，一方面提高企业经营效益，通过加强企业管理等手段来实现，另一方面要达到提高该区域农村居民收入的最终目的，通过升级和改造其技术手段提高产品质量，进而促进该地区产业快速发展，有效提高当地劳动力就业的吸收能力。三是促进劳动力市场发展，使农村剩余劳动力快速有效转移。当前，农业现代化和农村经济的快速发展，是通过实施农村优惠政策来促进的，这样可实现提高农村居民总收入和个人可支配收入的目标。

高效配置农村剩余劳动力，使其转移至非农产业是缩减城乡收入差距的重要方法。破除二元户籍制度的局限，打造规范化的劳动力市场，才能确保劳动力资源在市场上的自由转移，减少城乡收入分配差距，实现城乡经济均衡增长。

2. 完善社会保障制度

推动产业结构升级转型的重要措施是构建并逐步完善社会保障体系，原因如下：第一，完善社会保障体系，产业结构的变更而导致的结构性失业以及其他社会相关的不良影响可以有效得到减少；第二，产业结构升级可通过完善社会保障体系的手段来实现，它既能够重新分配社会收入，又能有效地解决城乡收入差距带来的不良因素，拓宽消费总需求，推动经济高质量发展。具体措施：一是加大对社保资金的筹集力度。在筹集社保资金方面，要使得保险金能够按月、按时、足额发放和支付，就需要采用多种方法和渠道进行筹措，并且在实施过程中，要逐步完善和落实个人账户，才能实现个人账户资金不被占用的目的。要让普通劳动者产生一种对生活的信任和稳定感，同时得到一种对消费需求的高层次追求感，这只能通过对个人账户进行有效监督和科学管理来实现。二是改善对失地农民的社会保障。征用农民土地后，要按时向农民足额支付土地补偿金，还要对农民进行合理引导，使农民能够具备科学安排和使用土地补偿金的能力。制定高效完善的相关国家政策措施，可以保障这些失去土地的农民，在短时间之内有效地将其纳入社会保障体系，化解农民的担心。同时，支持农民使用土地补偿金直接为自己缴纳社会保险，可以有效保障这些失去土地的农民的基本生活，还能保证其收入来源的持续性。三是建立和完善社会保障的相关法律制度和规范。一系列未曾遇见过的社会问题，会伴随着消费能力的提高、产业结构的升级而不断出现，并带来不利于经济社会发展的社会风险，这就对政府或相关管理部门提出了更高标准的要求，特别是在防范和化解这些社会风险的能力方面。在对低收入群体的政策倾斜、法律保护方面要不断加大力度，持续改善制度并将其有效实施，这主要包括教育补贴制度、最低生活保障以及新型农村合作医疗等方面。要有效促进社会需求和消费增长，主要着力点应放在居民对未来生活的期望方面，要大力消除和减轻居民对未来的过度担忧，不断激发居民的消费信心和欲望[8]。

二、重视生态环境保护和资源节约

四川不仅是西部地区经济和工业大省，还是长江上游重要的生态屏障。优越的自然条件，不仅带来了资源优势，也使人们有了更高的期待。特别是在工业绿色发展方面，对自然生态资源进行保护和传承，是人们责无旁贷的使命。一直以来，四川坚持走工业经济发展和生态环境保护的“双赢”之路，在产业的布局和结构、加强资源利用和节约、加强工业污染防治等方面，不断采取优化和调整的措施和手段，使工业绿色发展水平取得很大的提升。产业发展受环境、能源和资源长期硬约束已成为现实。如果四川要想稳步走“双赢道路”，当前产业发展与生态环境、能源、资源之间的矛盾关系需要改变。这不仅要调整资源环境政策，还要求产生严重污染的企业和浪费大量资源的企业离开市场，方可实现严禁高能耗产业运作的目标。四川应大力发展资源节约型产业、科技型产业、环保产业、质量型产业，重视对技术的改造，使技术不断进步，技术在产业升级与治理污染中起着关键作用。遵循可持续发展理念是拟定产业政策的基本原则，全面考量产业的最优布局，可以使均衡发展与资源合理配置的目的得以实现；为减少生态环境成本，保持经济长远稳定提高，四川必须构建低污染、低能耗、低排放的经济增长体系，强力发展低碳循环经济。

四川省必须加快转变国民经济增长方式，全力推进集约经济，放弃粗放型经济。首先可以推广清洁生产，改变当下资源环境利用率低、过度利用的情况；其次，必须不断增强产业结构下的环境管理程度，以达到生态经济共融的要求，若打算追求生态系统与经济系统共生和谐的局面，则必须通过结合生态环境和经济规律来连接生态、经济两大系统。最后，严格监察和检测相关企业的生产环境状况，杜绝高污染、高耗能企业的违法违规行为，要继续增大执法检查和处罚强度来提高企业违规成本，防范更严重的环境、资源污染。严禁跨越生态红线行为，让绿色经济发展给四川的经济高质量发展带来活力和动力，以人为本，保证可持续性。

三、重视教育，吸引人才，不断提升人力资本质量

四川正处于全面建成小康社会、建设经济强省的关键时期，科学发展、转型升级的任务十分艰巨。要推动“一带一路”和长江经济带建设、推进新一轮西部大开发、系统推进国家综合改革创新试验区建设、加快建设成渝经济圈和天府新区等，则人才培养结构急需改善，加快培养各类稀缺人才，才能实现进一步提高人口素质，将四川省建设成为人力资源强省的目的。四川省通过多点多极的方式进行发展，使得四川省整体发展进入上升期，促进了城乡协调发展。在新型城镇化进程加快推进、计划生育政策调整、劳动年龄人口发生变化等基础上，四川产业布局结构急需调整，教育资源需要进行科学的配置，使人民生活水平得到全面提高。若想建设成学习型社会，四川在教育观念上急需更新，要全面提高教育质量，促进更加开放和多样化的教育。四川要使基本公共服务的均等化水平稳步提高，大力推进扶贫工作，急需完善基础公共教育服务体系，要更加注重教育的公平性，对教育进行针对性的精准扶贫。

四川引进人才的保障方案有待完善，要能够引进并留住人才。相关单位要

综合考量修正方案，第一要提供给优秀人才优厚的待遇，第二要努力完善科学研究基础设施建设，创造优良的研究氛围，让人才将自己的优势充分发挥出来，而不会因为自身价值无法得以实现而离开四川。因此，四川的人才体系有必要进行创新，要积极吸收和引入国内外的优秀人才，使大量的人才进入四川的各大领域进行创新，为建立健全四川创新型发展模式创造机会：

第一，四川亟待创新人才引进模式，树立“重视人才为我所用，不要求人才为我所有”的观念，使得人才流动更加灵活，并且要打破人才流动中的刚性约束，如人事关系、身份、户籍、档案、国籍等，使更多来自海内外的高层次、优秀人才可以更方便地到四川来发展。同时应运用各种策略手段，例如通过进行技术学术交流、从事咨询考察、开展合作研究、讲学、兼职等，去吸引国内外优秀人才来四川发展。

第二，四川应大力完善人才创业保障机制，支持人才在四川投资转化发明专利和科研成果，并且提供优惠政策，特别针对融资、劳动人事、税收等领域。建立健全优秀人才的社会保障机制，以便解决其家庭成员的医疗、教育、住房、失业、养老等问题，彻底解除优秀人才的后顾之忧。创造一个尊重和适合人才发展的社会氛围是最关键因素，营造相互理解、氛围浓厚、人际和谐的工作环境。不仅要使四川的人力资本质量大范围提高，同时要使经济高质量发展拥有不竭动力。这需要重视教育，才能培养更多本地人才投入家乡的建设中；另外通过吸引人才的手段，能够提高四川省当前的整体人力素质。

四、加强基础设施建设，保障经济发展

大力加强城市基础设施建设，不仅能较好地促进经济结构优化调整，还能推动发展方式转变，刺激有效投资和消费、促进节能减排、扩大就业、推动经济结构调整和发展转型。当前，关键任务主要集中在城市基础设施加快升级改造方面：一是不断加强城市地下管网的建设和建造，提高城市管网运行、管理水平，消除安全隐患，增强城市防灾减灾能力，确保城市能安全运行；二是加强城市道路交通基础设施建设，要积极发展大容量地面公共交通，充分发挥公共交通骨干作用，增强城市路网的衔接连通和可达性、便捷度；三是加强城市电网建设，尤其是在其智能化方面要大力提升，不仅要提高电力系统利用率、安全可靠性水平，还要保证电能质量得到加强；四是坚持绿色优质，全面落实生态文明理念，主要集中在集约、智能、绿色、低碳等方面，同时使城市基础设施建设工业化水平不断提高；五是坚持民生优先，加强对老旧基础设施的改造，提高设施水平和服务质量，使居民生活需要基本得到满足；六是坚持机制

创新，政府投入要得到充分保证，同时，鼓励社会资金投入城市基础设施建设中，将能源优势更高效地转化为经济优势。同时，四川要不断加强城镇基础设施建设，比如：改造棚户区，不断改善工业园区配套设施，推动第二、三产业发展；建设农田水利，使得农田灌溉系统不断优化，农业机械化水平不断提高，最终确保农业稳定发展。

五、吸引外商投资，加强对外贸易，提升经济开放水平

1. 健全外贸企业构架

四川当下吸引外资的产业定位应逐步明确，外贸企业的整体结构应不断优化。要实现结构调整和效益转型，一是要对基础产业和制造业外贸企业提供充足支撑；二是服务业外贸企业要通过管理继续拓展和提高，逐步打开资本市场；三是允许外资进入任意领域（除去国家严禁涉及的业务），且不断拓宽外商投资新业务。

外贸企业要遵循国际贸易的形式和要求以及不断变化的形势，不断调节和改善自身结构。面对巨大的国际贸易市场，外贸企业不能为节省成本或怕招惹麻烦而选择坚持陈旧规则，而是要根据市场以及产品的新情况及时做出反应，合理配置企业各部门的人员结构，从而保证外贸链整体的顺畅衔接[9]。

2. 完善对外贸易的配套措施和优惠政策

首先，要满足外籍人士对硬件设施的特殊要求，如国际学校、国际医院等，还要为其提供完备的生活服务，如家政服务等涉外服务。在四川省丰富的文化旅游资源基础之上，有必要不断加大对外开放力度。有针对性的条例的颁布能让外国人更好地认识四川，塑造和谐的社会环境可以吸引更多的外商投资。另外四川省需抓紧时间健全相关工作的不完善之处，如外籍人员户籍管理制度、外籍人员出入境及其管理制度、外籍人员劳动就业管理制度等，为对外贸易的长期可持续发展提供保障和支持。

其次，对于四川省发展中存在的诸多不足，如运输能力不足、运输成本高等，四川省政府有必要出台相关政策，结合产品输送的优惠制度加大力度落实成都海关推行的十八条减负措施以及西南六省份推行的“关检直通放行”模式。为了提高进出口货物的通关速度，对走“绿色通道”的企业，其出口货物应实行免口岸检查。同时，西南六省份应形成合作关系来克服国外技术性贸易壁垒，以提高企业应付贸易风险的能力。

3. 培养和引进高素质的外贸经营人才

如今，一个优秀的团队，在企业取得长足进步的过程中有着举足轻重的影

响，优秀人才战略目前已成为企业的核心竞争手段。我国内陆区域的外贸企业发展尚不成熟，正是需要大量人才的阶段。在人才培养方面，四川省要重点培育一批本土外贸人才。四川省高校要将自身需求和外贸的实际情况相结合，用理论联系实际，有针对性地培养高素质的外贸经营人才，同时鼓励这些高素质的专业人才优先在四川省就业，并且给予丰厚的待遇，以吸引和留住人才。同时外贸企业要加强对人才的继续培养，如提升其语言水平及外贸专业知识等。外贸企业为解决外贸人才短缺的现状，有必要派遣职员到沿海地区学习和借鉴沿海外贸企业的管理理念，以尽快培养出地方需要的外贸人才。

4. 拓展外商投资的形式

随着西部大开发的深入推进，区域经济合作不断加强，四川不断提高自身对沿海外资梯度转移和外国资金的承接力，外商直接对西部进行投资的速度也增快了。基于目前的发展形势，四川省应拓展外资使用途径，将吸引外资、高端创新技术和优质人才相结合，继续积极吸引外地投资商在四川新建企业，这能在省内甚至国内建设的企业中起到带动作用，尤其是在促进技术进步、调整产业结构等方面。四川省要实现重点产业的发展壮大和产业结构转型升级，首先要引入外资并使其与重点产业发展相结合，其次要让重量级的外资产业项目在四川落户。四川应持续鼓励外地投资商在四川省通过合作、合资、独资等方式建立企业；鼓励现有外资企业利用多种手段来实现扩大外资利用，如通过利润再投资、增资等方式。四川应抓住外资梯度转移的机遇，吸引沿海外资到四川投资，同时吸引更多外资加大对四川社会公益事业的投资力度。

5. 全力扶持四川省县级外贸的发展

四川是农业大省，要实现四川省经济的追赶型、跨越式发展，就要着重发展县域经济，因为县域经济在全省经济中占有很大比重。但县域经济的发展要因地制宜，不可盲目效仿其他地区的发展模式，需以自身市场为导向，着力发展创汇农业，重点扩大名、优、特、稀产品出口，才能实现对外贸易持续扩大的目的；要重点吸引资金、人才、技术和管理，尽力解决投资问题；要注重发展对外劳务，激励有条件的企业向外拓展业务，积极参与国际经济技术合作，造就一批出口导向、具有国际影响力的外贸龙头企业。

六、加强科技创新、制度创新，促进制造业和现代服务业的发展

四川的科教资源尤为丰富，要充分利用自身优势，释放基础研究资源的创新活力，充分发挥高等院校和科研院所在科技创新中的基础性作用。站在未来的角度来看，四川需大力筹划新兴前沿交叉领域。对于国家的战略需求以及四

川省自身经济发展的迫切需要，四川应加强基础前沿和高技术研究，根据主动跟进、精心选择、有所为有所不为的方针，围绕面对长远发展存在的难以解决的问题，四川应提前规划基础研究和应用研究布局，将跨学科、跨领域的优势力量相结合，对于关键核心技术要努力攻克，为产业技术升级积累原始资源。强化产学研用协同融合，坚持同等重视基础研究与应用研究，大力推进行业应用创新和重点领域的关键技术，如智能制造、生物医药、人工智能、新能源等，将产学研用有机结合在一起。科技创新主要面对经济主战场，所以有必要大力促使科技创新与经济发展二者紧密结合，达到提高科研成果服务能力的目的。近年来，四川省科技创新在稳定经济增长作用上效果显著，且科技创新要满足服务经济发展的目的，必须大力促进科技和经济社会发展的深度融合，主要表现为：经济年均增长率达 8.5%，且科技对经济增长贡献率由 47%提高到 54%。要大力提升产业发展，关键在于大力攻克产业的关键共性技术，要把科技创新与实体经济、特色优势产业发展及新兴产业培育相结合。科技创新推动经济转型升级，经济转型要依靠科技创新，产业转型升级的主体是企业。要达成有效带动全省经济转型升级的目标，需要大力培育创新型企业，使得企业在技术创新中充分发挥其重要作用。努力建设创新型企业和科技型中小企业创新集群，使其具有掌握核心技术、引领行业发展、居世界前列的综合竞争力。科技创新要为经济高质量发展服务，经济高质量发展的核心在于技术创新能力。创新技术的目的是为转换经济发展形式、促进经济高质量发展提供充足动力，发挥市场的作用带动全要素资源在科技领域得以高效配置，鼓励和保证高技术企业和产品的发展，最终以技术创新来推动经济高质量发展。

对于四川省目前经济高质量发展遭遇的困境，实现体制创新和技术创新是取得突破的关键。另外，现代服务业同制造业的相互影响和作用依旧是四川省经济高质量发展的主要力量。想要加强现代服务业与制造业的增长，就势必要不断推动体制创新、技术创新，重视四川省制造业的技术创新，建设知识技术共同创新的协调体系。四川省传统制造业目前依然处于世界价值链的中低端地位。对于国际产业生产形式，依旧主要采用代工的形式，大量的代工行为会严重破坏自然生态环境，造成熟练工、土地、能源、原材料等的集中消耗，这意味着四川省传统制造业飞速增长的背后也存在着许多隐患。加强四川现代服务业的科技创新能力，构建科技创新与制度创新的协同机制。四川省传统制造业的革新要求知识以及技术的创新协同，将制造业传统产业分工整合为面向世界的产业链。四川省制造业一旦实现创新升级，就能激发其核心竞争能力并大力推进四川省的经济社会发展。提高四川省现代服务业的技术创新水平，建立并完善体制以及技术创新协调发展体系。

制造业和服务业两者之间紧密相关，制造业不仅为四川省经济发展创造了前提条件，还对四川服务业的发展起着重要作用；另外服务业的增长也保证了制造业的向前发展，协调发展现代服务业可以革新四川省产业结构。现代服务业的发展主要受高端研发设计能力和民族品牌与营销渠道的影响，要支持和引导各类投资主体进入科技或新型服务行业，并建立健全现代服务业支持体系，就势必要高效结合技术创新与制度创新。实现四川现代服务业的科技能力的不断创新，将使四川省产业结构得以优化，同时增强经济增长驱动力，提高经济增长质量。

七、增强“一干引领、多支竞相发展”的区域协调能力

（一）深化四川省各区域协同发展

1. 融入长江经济带，促进产业合作

（1）加快产业集聚，加大产业间的联系。

四川省要加快推进新型工业化进程，加速产业集聚和培育产业集群是必然要求。产业集聚是在一定区域内空间布局上的优化，同时大量集聚和有效集中各种生产要素。加速产业集聚是为了建设良好的工作平台，特别是对于资源配置的优化、良好产业发展环境的创造。产业集群是具有持续竞争优势的经济群落，是由在一定区域内，由相关产业领域、相互关联的企业以及支撑体系发展而来的。解决产业规模的扩大、产业竞争力的加强的问题，最有效的途径就是培育产业集群。形成产业集群的内在要求是加强对产业的集聚，而产业集聚的重要途径便是形成产业集群。区域经济发展战略的重要组成部分包括加快产业集聚、培育产业集群，同时这也是增强区域经济综合竞争力、促使工业化发展到高级阶段的必然过程。从战略的角度来看，四川省走新型工业化道路，面临加快产业集聚和培育产业集群的现实选择[10-13]。

四川要加快产业集聚，培育产业集群，提升产业规模、产业创新能力，实现“2020年战略性新兴产业总产值大幅度增长，增加值占地区生产总值比重力争达到15%”的目标；要使新能源及新能源汽车、节能环保、数字创意等产业成为新的增长点；新增一批产业链较为完善、特色鲜明、市场竞争力较强的产业集群和具有全国影响力的产业基地。

（2）加强长江经济带省际合作，促进区域之间经济联动发展。

①为推进长江上游地区共建生态屏障，在“首届长江上游地区省际协商合作联席会议”上，云贵川渝四省市审议通过了《2017年生态环境联防联控

重点工作方案》，借由环保项目，加快长江上游地区的互动互信，为区域协调发展打下基础。四川省需和其他省市共同建设跨界水体监测网络、开展流域污染治理省际合作试点和推进区域大气污染防治。对区域整体水、大气环境进行检测治理不仅可以改善区域内的生态环境，对于全球生态治理与保护也有重要意义。此外，四川省还要参与共建共管跨界自然保护区、开展区域联合执法行动等，由大至小、由上至下共同努力保护好长江上游的生态环境。为了尽快融入长江经济带，四川省内生态联动也需加强，从四川省内的生态治理抓起，与长江上游地区互通共治。

②基础设施网络的构建是人员和贸易往来的前提，有利于推动区域经济发展。加快长江上游地区一体化发展，首先要加强基础设施的互联互通。云贵川渝四省市在基础设施互联互通方面，要不断加大投入。有专家指出，云贵川渝四省市在互联互通方面的合作空间巨大，可以在多方面深化合作。比如，加强长江黄金水道和长江经济带建设，在航运方面为兄弟省市之间的合作提供更多支持；加快铁路建设，各方可以共同加快兰渝铁路、成渝铁路以及成贵铁路等铁路建设，开辟更多类似出川大通道、出渝大通道的铁路线路，助推区域经济发展；加快高速公路方面的互联互通，促进客、货车流量以及运输量的增长，助推相邻省市之间的区域经济发展。基础设施网络的完善有助于四川省内各地区与省外的联系，帮助各地区开放发展，促进省内区域内外的联动。

③推进公共服务一体化。在首届长江上游地区省际协商合作联席会议上，四省市共同审议通过了《2017 年公共服务共建共享重点工作方案》。四川省将着力打破行政壁垒和其他三省市共商合作，制定统一的政策，制度互联。此外，四川省将提升公共服务质量，与三省市在就业、社会保障、公共医疗、公共交通、文化教育、社会服务等多个领域展开合作，实现资源共享、要素互通、待遇互认，促进要素在长江上游地区自由流动，保证长江上游地区整体公共服务水平的提高。推动生态优先、加强互联互通、完善共建共享，只是云贵川渝四省市深化合作的一个起点。未来，随着四省市合作的加深，合作拓展到更多领域，建立起更加成熟的区域协作机制，必将加快推动长江上游地区一体化发展进程，合力打造出长江经济带重要经济增长极。

2. 完善区域政策设计

四川区域政策设计的出发点是解决四川省出现的经济较发达地区与较落后地区差距日益加剧，城乡二元经济结构明显，经济结构调整势在必行，资源与环境的问题日益凸显等一些区域经济发展中的难题。因此，四川省区域经济政策的设计在相当长时间内应是：有利于逐步缩小区域间差距，有利于促进较落后地区的经济发展，有利于提高低收入人群的收入，有利于合理调节各市（州）经济关系，促进基本公共物品和公共服务均等化，最终实现四川省各地经济的联动发展。

（二）明确各区域发展方向

1. 推进各区域城镇化进程

四川省坚持以新发展理念为引领，坚定实施“两化”互动城乡统筹发展战略。四川已编制完成《四川省新型城镇化规划（2014—2020 年）》《四川省城镇体系规划（2014—2030 年）》和成都平原、川南、川东北、攀西等四大城市群规划，确立以四大城市群为主体形态，构建“一轴三带、四群一区”的城镇空间发展新格局。

（1）坚持乡村振兴。

四川省贯彻落实《中共中央 国务院关于实施乡村振兴战略的意见》，以提高农村农民生活水平，提升农民幸福感为根本要求，加快城乡融合发展。首先要促进产业兴旺，培育乡村发展新动能，加强科研、企业与农村的结合，将农业科技成果与实践接轨，提高农业生产水平。培育川牌农产品，因地制宜推动当地农产品的发展，推出高质量农产品。构建农业对外开放新格局，扩大出口，将优质产品推广出去与国际接轨。长期以来，农村专注于农业产品的生产，处于产业链前端，利润率低。因此，应当促进农村一、二、三产业融合发展，延长产业链、提升价值链，通过多种形式促进利益合理分配，提高农民收入。其次，农村自然资源丰富，天然环境面貌保持较好，促进乡村振兴还要注意保持乡村特色，推进乡村绿色发展，实现人与自然和谐共生，进行多方位生态系统治理，控制污染，建立生态补偿机制。最后，要把人力资本开发放在首要位置，培育高素质新型农民，鼓励外地人才前来。对于四川省各个地区，由于其主打出产产品不同，对于技术型人才的需求不同，需要依据地方具体需求、产品特色、发展需要制定人才培养计划。

（2）提升农业竞争力，转移农业劳动力。

第一，农业农村改革持续深化。四川应推进农业供给侧结构性改革，培育绿色优质农产品。要在省内建设现代农业园区，推动农业现代化体系建立。推进以人为核心的新型城镇化，深化户籍、社保等配套制度改革，推动城镇就业农业转移人口加快落户，帮助农业转移人口在城镇安家落户，维持社会稳定。

第二，深入推进农业农村改革。四川应推动农村集体产权制度改革，完善要素市场化配置。加大资金投入，鼓励多种融资方式，拓宽资金筹措渠道。同时保证专款专用，用款有效，加强监督，保证资金去向明确。积极吸引各类人才流向农村，为乡村振兴增加人才储备。

第三，加强农村基础设施建设。四川应改善农村居住环境，加强农村路网、水网、电网以及信息网络的建设，提高农村居民生活水平，也方便农村与外界加强联系。发展川粮（油）、川猪、川酒、川菜、川茶、川药、川果等优势特色产业，壮大竹、林、花椒、藤椒等调味品产业，将"川字号"农产品品牌推向国内更大市场，甚至与国际接轨。加强农产品质量把控，严守粮食安全底线。

2. 深化区域分工，明确各区域定位

区域的合理分工是区域经济联动良性发展的基本条件，四川省各地市具有不一样的地理位置、文化背景、资源禀赋、经济基础等，决定了各区域在区域经济联动中定位不同。发挥各自优势推动其优势产业、特色产业发展，更好地促进各区域经济增长是各区域的目标。

（1）成都平原经济区。

成都平原经济区作为"主干"，是四川省经济发展中举足轻重的一部分。要让成都平原经济区引领高质量发展，就要保证其经济发展的优势地位，促进其辐射带动作用的发挥。成都市依靠良好的自然资源和地理条件发展较快，其交通通达度最好，运输成本最低，对成都平原经济区区内其他城市辐射带动能力较强。成都平原经济区内德阳、绵阳由于距离成都较近，自身科技、教育优势明显，经济发展态势良好。成都平原经济区在发展中，一方面要突出成都市"极核"特征，对接国家"一带一路""长江经济带"等发展规划，将成都市建设成为国家中心城市。成都市作为四川省省会城市应明确自身主要定位，注意非核心功能的纾解。另一方面，要加快成都市、德阳市、眉山市和资阳市的一体化，建设天府国际机场空港城—简阳城区—资阳城区组合经济区域，在成都平原经济区内打造多个动力强劲的中心城市。

（2）川南经济区。

川南经济区作为四川省的南向开放门户，是一个多核心经济区。区内的宜宾位于四川、贵州、云南交界处，内江、自贡又处在成都市、重庆市两大城市之间，整个区域具有良好的发展潜力。川南经济区应促进区域中心城市一体化，加强经济联系，通过促进新旧产业转换，加强各市传统工业的联合并引进新兴产业为经济增长加速，提高区域综合竞争力。泸州、宜宾要利用其地理位置优势发展临港经济、通道经济，大力发展交通运输业，建设成为成都市的生产要素配送、物流集散中心。

（3）攀西经济区。

攀西经济区内攀枝花市和西昌市经济发展较好，但区域内经济发展不均衡，凉山彝区扶贫任务重。攀枝花市矿产资源优势明显，攀西经济区发展要充分利用这一优势，利用钒钛、稀土战略资源，加大投资，创新资源开发模式，建成国家级的攀西战略资源创新开发示范区。攀枝花市可与凉山州加强合作，促进农文旅融合发展。

在扶贫攻坚中，四川要针对凉山彝区出台相关支持政策，派出踏实能干的干部开展综合帮扶。引进外省企业，促进人才双向交流，为贫困群众提供就业帮扶，加快脱贫。有序推进贫困人口易地扶贫搬迁，深入贫困地区开展扶贫协作和对口支援，研究解决建档立卡贫困户群体缺乏政策支持等新问题。

（4）川东北经济区。

川东北经济区内大部分区县位于丘陵地区，地形条件、自然资源相较其他区域不占优势，缺乏一个强有力的带动核心和中心，而且区域内各市之间的协同性和合作较少。因此在川东北经济区要明确区域经济中心，增强其城市经济集聚度，扩大其辐射影响力。川东北经济区需要立足于川渝陕甘接合部，加强交通基础设施建设，增强外部联系，主动融入成渝城市群发展进程。同时，川东北经济区要加大投资，推动资源综合开发。川东北经济区临近甘陕，可加强文旅特色，抓住国家实施川陕革命老区振兴发展规划的机遇，研究制定川陕革命老区综合改革试验区工作方案。在川东北经济区内，各市应依据自身特点，发挥优势，主动承担其他地区的产业转移，加入产业分工，发展本地经济。

⑸川西北生态经济区。

川西北生态经济区交通基础设施落后，交通通达度差，运输成本高，经济发展滞后。川西北生态经济区需要立足"生态"二字，转变传统发展模式，避免资源浪费，重视生态效应，发展生态经济，在产业、工业发展中注意构建绿色工业体系，实现绿色发展。川西北生态经济区首先要加大基础设施建设，依托丰富的生态资源、人文资源，发展特色种养殖业和旅游业。深入实施"精准扶贫"，重视教育扶贫、产业扶贫，通过拓宽贫困家庭就业途径、增收渠道，全面提高居民生活水平。

（三）加强区域传递

1. 扩大经济中心对周边的辐射范围

成都市是四川省最大的经济中心，按照"中心—外围的发展模式"成都市要与周边城市加强互动，实现产业互补。成都市凭借其资本、人才、科技等方面的优势应优先发展高新技术产业，带头构建区域一体的产业体系。成都市应根据其产业发展潜力确定重点发展对象，并逐步将劳动密集型、低端和低附加值产业转移到成本投入相对较低的其他地区，率先完成产业转型升级。在与周边城市的协作中，成都市应主动避免与周边城市争夺优质项目，适当地帮扶周边地区。此外，成都市应明确其省会城市的定位，注意纾解非省会城市功能，合理规划主城区分区布置，有计划地将部分大型博物馆、展览馆、体育场馆等设施迁往成都市郊区或周边城市，将成都市一部分教育和医疗等方面的优质资源转移到周边城市，缩小区域公共服务差距，促进公共事业性服务均等化。

攀西经济区的攀枝花、西昌具有相当大的发展潜力，但其对周边的辐射带动作用不够明显。攀枝花、西昌以及康定市等经济中心对于周边地区的经济带动作用并不明显。因此，在攀西经济区内，应当从政策上给予指导，加强经济中心与外围的联系，增加其合作项目数目，培养起互动互信意识，有意识地发挥扩散效应，从而促进区域经济增长。

2. 发展川东北特色经济

川东北地区有望成为经济中心的南充与达州辐射带动能力有限。因此，川东北经济区在现有的经济发展基础上，应重点发展特色经济，提升自身实力，尽快形成强有力的经济集聚中心。川东北经济区拥有丰富的天然气资源，可凭借该优势进行资源项目招商投资。川东北地区同为丘陵地区、甘陕边界，其文化融合度好，知识关联度高，在加强区域内部联系与合作的基础上，促进通信、信息、金融、公共服务等方面的广泛深入的合作，培养自我发展能力和市场竞争能力。

3. 加强川西北生态经济区交通基础设施

川西北经济区受自然条件限制，交通设施网络基础差，区域内外的联系受到严重制约，这阻碍了区域经济的发展。因此，首先，川西北生态经济区应加强交通等基础设施建设，与各个地区实现道路上互通互达，信息上畅通无阻，资源方面能够互利共享。要构建起完善的基础设施网络，降低对外运输成本，与外界加强联系，尤其是加强与成都市的联系。由于川西北生态经济区拥有丰富的生态资源，原始地貌保存良好，其多民族聚集带来的民族风情与当地天然的地形地貌相融合，宜发展特色旅游业。开发与旅游相关的延伸产业能够进一步提升居民收入，带动相关产业发展。其次，川西北生态经济区应加大教育投入，教育资源发达的成都市、绵阳市应当配合当地教育局，提升当地教育水平，为其培养高素质的新型人才。

参考文献

[1] 陈昆亭，周炎. 绿色、健康、可持续：高质量发展的必由之路 [J].

山东财经大学学报，2020，32（1）：5-25.

［2］四川省发展改革委. 打造内陆经济开放高地　务实推进“一带一路”建设［J］. 中国经贸导刊，2018（28）：17-20.

［3］四川省首次编制五大经济区发展规划［J］. 城市规划通讯，2016（18）：14.

［4］张叶梅. 清代四川矿产开发研究［D］. 昆明：云南大学，2018.

［5］谯薇. 四川省战略性新兴产业发展分析［J］. 时代金融，2012（24）：197-200.

［6］郑李昂. 新型城镇化进程中新疆经济增长质量提升研究［D］. 石河子：石河子大学，2019.

［7］曾冰，邱志萍. 长江经济带省际贸易网络结构时空特征及其影响因素研究［J］. 上海经济研究，2017（9）：69-77.

［8］王晶. 扩大消费需求促进产业结构升级［J］. 农业经济，2019（7）：52-53.

［9］田劲松. 四川省对外贸易发展现状及对策分析［J］. 现代经济信息，2013（15）：465-466.

［10］钟少华. 从区域经济均衡与非均衡发展理论看海西建设［J］. 木工机床，2007（4）：37-39.

［11］谭焕新. 积极培育产业集群　促进结构转型升级：蓬莱市蓝色经济产业集群建设研究［J］. 山东行政学院学报，2012（4）：89-91.

［12］张小玲，宋丽芝. 加快产业集聚　培育产业集群：山西煤炭产业发展道路的必然选择［J］. 科技情报开发与经济，2006（5）：113-114.

［13］周延召. 城市文化产业提升路径研究：以北京市为例［J］. 中国特色社会主义研究，2008（2）：85-89.

［14］佘赛男，李唯，岳文. 长江经济带的四川身影［J］. 四川省情，2017（9）：31-33.

［15］于明辰. 新型城镇化推动乡村振兴途径及绩效评价研究［D］. 舟山：浙江海洋大学，2019.

［16］吕珂，张彬，侯倩倩，等. 以农民专业合作社为依托　助推乡村振兴战略实施：以吉林省农民专业合作社为例［J］. 农业科技管理，2019，38（6）：50-67.